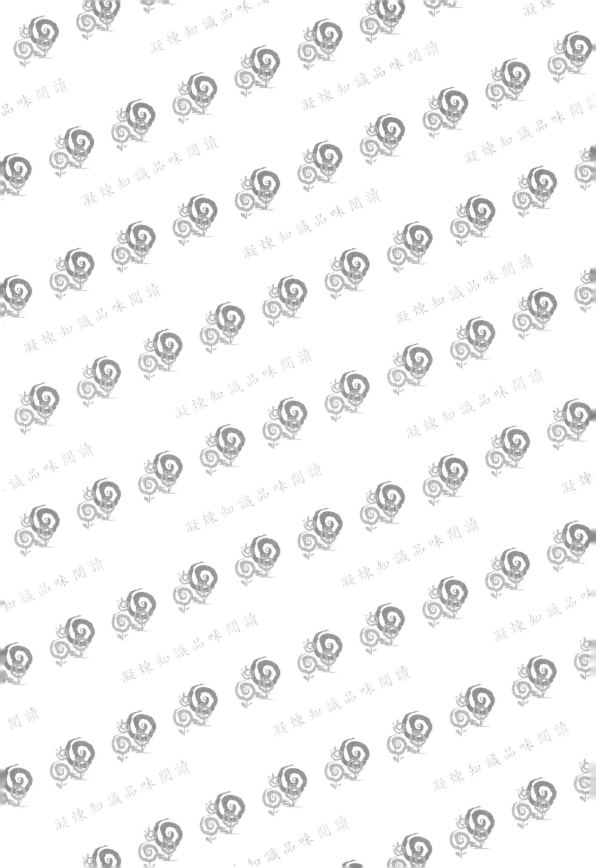

素養導向的教學實務

第二版

教師共備觀議課
的深度對話

五南圖書出版公司 印行

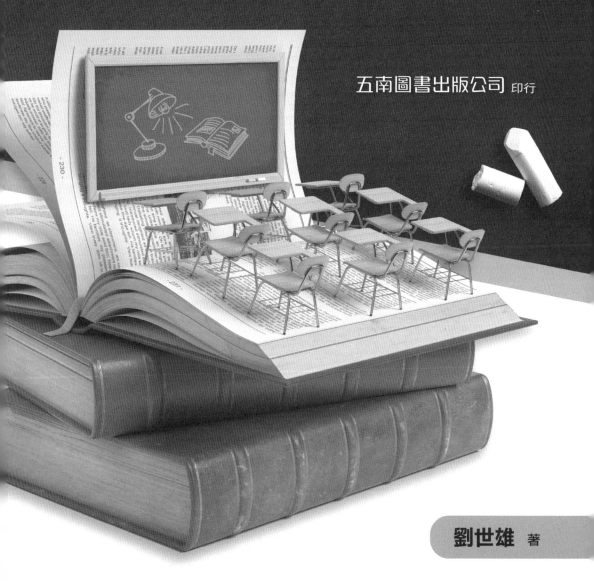

劉世雄 著

再版序

　　本書第一版上市不到一年，第二版就上市了，原因是這一年來有一些教師朋友閱讀我的書後，來信提問、當面提出或者是在研習場合舉手發問一些更細節的內容，也想要知道更有操作性的作法。我知道即使我進行六年的研究、探討無數筆文獻、蒐集無數問卷與訪談許多校長、教師，再將研究結果與心得分類整理與撰寫成書，書中的內容仍然無法完全滿足教師的需求。感謝和我分享與討論的教師朋友們，我本來思考將新的研究心得撰寫成另一本書，不過，當前新課綱已經推動，教師們在進行共同備課觀課和議課時有急需要解決的問題，因此，我和出版社討論後，就以改版的方式，將教師們這一年來提出的問題與可能的因應策略補充於書中。

　　除了第九章外，第二版補充的內容在其餘各章均有，大都以節點的方式補充，部分章節也增補一些句段。補充的內容大致分為兩類：素養導向的教學設計和教師共備觀議課。

　　值得提出來說明的是第一章的跨領域課程設計之次主題的思考。我走訪許多學校，多數學校的校訂課程或跨領域課程雖然已經擺脫學科本位，而以學生生活情境為跨領域主題的思考基礎；然而，在次主題的思考上，教師多以文化、史地或社區事務為來源，忽略了學生的生心理發展以及面對未來的科技趨勢在跨領域課程的作用。再者，低、中、高年級或國高中一、二、三年級之主題的垂直關係並不明顯。若學校在不同年級想要設計共同主題，本書提出建立「先理解、再探究、後改善」的關聯思考之建議。

　　另外，在第三章提到素養導向的差異化教學之評量設計，先前已經知道素養導向的教材層次包含概念、策略性知識與情境任務，此再版書再強調教師們可以藉此層次發展各層次的評量題目，亦即學生可

以在具有相同教材內容卻不同認知層次的題組評量中，依據自己的認知程度逐步自我挑戰。

在教師共備觀議課的內容上，先前已經提出教師可藉由學生的習作、考試題目和學習表現，發現學生的學習困難所在，作為共備觀議課的起點；此再版書強調學生學習困難的困難不是指學習問題的問題，學習困難起自於對學習知識的不理解，但如果不去解決這個困難，學生就可能只是強迫記憶，而到更高層次的知識學習時就無法理解，甚至放棄學習，那時學習困難就變成學習問題了。

再者，先前已經提出教師要能診斷學生的學習困難之原因，然而，要有專業上的診斷，觀課紀錄要有效度與信度，此再版書第七章特別舉一些研究上的實例說明什麼樣的觀課紀錄和議課內容才具有效度與信度。

另一個需要提及的重點是，多數教師在議課時已經針對學生的學習表現提出因應策略，然而，根據我的研究資料分析以及我帶領教師們觀課議課的紀錄，我發現剛開始進行觀議課的教師們，其觀課紀錄與議課發言較多提及教學技巧，較少提及教材內容的結構與細節，然而，學生學習理解卻是發生在新舊教材知識的連結中。因此，此再版書在第八章就提醒教師在觀議課時，要兼顧教材與教法。

其餘還提到學習遷移之情境任務的命題、各學習領域略特定的教材內容要素以及把附錄的表格修訂得更清楚一些。例如：把共同備課紀錄表中的「學習表現」改成「學習表現設計」，讓教師更清楚這個欄位是關於設計學生學習表現的題目或學習任務；而把觀課紀錄表中的「行為1」改成「活動1的行為表現」，更讓教師理解這個欄位是觀察第一個教學活動中的學生學習行為表現。

再版書還是強調「學生的素養型塑是建立在教師對教材內容的理解以及轉化為學習遷移的活動基礎上，而改善學生學習困難就是教師共備觀議課的起點」之理念，期待所補充的內容可以讓教師或讀者更

清楚地知道與實踐上述的理念。再版書仍然保留每章節後面的【教師讀書會可探討的問題】，各學校或校際社群教師可以參考或略調整，作為社群活動的主題。

非常感謝五南圖書出版股份有限公司，能在短時間內編修我所提出來的內容。不過，我還是得說，每一本書的發想與寫作，部分論述可能不夠精準，即使再版補充相關內容，一定也有未盡詳細之處。感謝先前版本的讀者和教師朋友提供許多寶貴的閱讀心得與建議，敬請再續前緣，不吝提供各種指正。

劉世雄

國立彰化師範大學師資培育中心

2020 年 7 月 31 日於研究室

自　序

　　繼上一本書《素養導向的教師共備觀議課》出版後，獲得許多中小學教師肯定，認為我把教師平時的教學文化描述得非常貼切，提出的教師共同備課和觀議課之觀點也符合教師的需求。不過，隨著我的研究不斷發展，訪談教師的人數愈來愈多、參與教師觀議課的機會愈來愈多，我逐漸發現那些已經進行兩、三年共備觀議課的教師遭遇些許困難。例如：他們問我如何從核心素養轉化到學習目標？老師真的沒有太多時間，那該如何進行共備觀議課？要如何確認共備觀議課對學生學習與教師專業成長有幫助？觀課不用指標該拿什麼對照？觀議課時已經發現學生問題，但不知道後續要如何處理？學校就是有老師不願意參與共備或社群，該怎麼辦？

　　感謝這些教師接受我的訪談，也感謝他們願意把遭遇到的困難告訴我，我持續瀏覽最新文獻，從國外教師專業發展的成功方案與失敗例子中，釐清我們該如何繼續進行下去。我把初步的想法提供給中小學教師參考，當他們跟我說：「這就是我們所要的」，我開始記錄下來。之後，我帶著研究經費進入學校，請教師組成社群並嘗試實踐我的理念，我更有系統地記錄一個學校的教師社群運作情形與結果。

　　之後，來自全國各地學校、教師團體以及教育局處的邀請，我逐漸地把我的研究心得分享出去，當我從如何買房子為例提及核心素養、當我說到孩子不知道哪裡聽不懂只知道自己成績不好、找學生學習困難點當作共備課的起點、議課是一種教學研討而不是給教學者建議、全校老師都是全校學生的老師，以及當我帶領他們實際共備觀議課並發現這可以讓自己學習到很多，教師的表情是略有所思、眼神是發亮的，那時我確認我的信念是合宜的。這信念是：臺灣教師的素質是高的，只要能夠讓教師瞭解共備觀議課的意義、對自己教育工作

的利益，以及帶領實作並體會到價值，教師都是願意爲教育努力付出的。

因爲這些感動，也累積足夠的心得，我便興起寫《素養導向的教學實務：教師共備觀議課的深度對話》這一本書。這本書不是《素養導向的教師共備觀議課》的第二版，而是針對那些已經進行共備觀議課的學校教師、或者是已經開始投入撰寫素養導向教學活動設計的教師們，爲他們提到許多問題的解決策略以及更能促進思考和更具有系統連結的內容。換句話說，如果剛開始瞭解教師共備觀議課以及素養導向的教學設計的讀者，最好從上一本書開始閱讀起，這本書才連結得上，我也在這本書的某些地方提及到上一本書的些許內容，協助讀者連結。

上一本書的理念就是以學生學習爲觀課焦點，而這本書特別提及教師應以學生學習困難處爲共備觀議課之起點，並且能夠診斷學生困難的原因，並發展合宜的教學策略，而當學生學習成效提升，這也是教師專業成長的成效，教師專業成長是建立在學生的學習成效上的。既然要診斷學生的困難與提出合宜策略，教師就需要具有效度與信度的提出觀議課紀錄，也需要對核心素養導向的教學設計（包含教材內容、教學方法與學習評量）徹底瞭解才行，這個理念幾乎成了本書的中心思想。

如同先前那本書，本書讀者設定爲中小學教師、大學教師以及一般在職訓練課程的教學者，並不以貢獻學術研究爲先，因此我沒有以學術研究論文寫作格式進行撰寫，即使閱讀許多文獻，也經過我個人邀請教師在實務現場中實踐與省思過，寫出來的語句就比較貼近教學實務的用語。不過，偶爾會看見「根據我的訪談結果」和「根據我的觀察結果」等用詞，這即是研究心得所轉化的語詞，期待這種具有實證資料的表述，提供教師實踐教學活動時的參考。

感謝五南圖書出版公司的賞識與鼓勵，也感謝參與我研究的教師以及告訴我他們遭遇各種困難的教師，更感謝那些把我的理念分享出去的教育夥伴，如果臺灣的教室課堂些許因我的理念而略有正向改變，那絕對是眾人努力的成果。然而，我的理念以及本書的論述，一定還有一些值得提出再討論之處，有些論述可能也不夠精準，仍期待各界指正。

劉世雄

國立彰化師範大學師資培育中心

2019 年 11 月 18 日 於研究室

本書導讀

一、本書理念

　　十二年國教課綱總綱實施要點第五點關於教師專業成長的內文中提及：「……教師可透過教學研究會、年級或年段會議，或是自發組成的校內、跨校或跨領域的專業學習社群，進行共同備課、教學觀察與回饋……」另外也提及：「……校長及每位教師每學年應在學校或社群整體規劃下，至少公開授課一次，並進行專業回饋。」上述內容有兩個意涵，第一，教師專業成長早已跳脫純為教師聆聽演講或參與工作坊之形式，那種教師獲得教學專業知識後再期待教師轉化為教學活動並在課堂中實施的想法，已經被許多文獻證實有些問題；第二，十二年國教課綱總綱之理念期待透過教師組織社群，以課程發展與教學活動為資源發展教師專業，這種以教師協同學習為學理基礎、以社群教師共同備課與觀議課的策略，以及貼近教室教學實務的觀察與檢視的思維，已經逐漸成為在職教師專業成長的主流形式。

　　早先二、三十年以來，我們也偶有那樣做過。我們會進班觀察教師的教學行為與技巧，從觀察和回饋中獲得教學省思與專業成長的機會。近幾年來，我們更開始使用優良教學技巧的樣板看待教師教學的表現，也對那些符合優良教學技巧的教學活動和專業教師給予較高的聲譽；甚至愈來愈多教師開始跟這些專家教師學習他們的教學成功經驗，也不斷組織教師社群，發展許多創新教學模式。

　　然而，教師具有教學專業知識是否就會在其課堂中實踐？或者是教師將其教學理念轉化為教學活動，學生的學習過程與結果就會如同教師的理念預期一樣產出高度的學習成效？如果上述兩個問題的答案是肯定的，那就是未考慮到教育是一個相當複雜的工作、教學涉及

到許多複雜的因素，也未察覺學生的學習是一個複雜的歷程。以前，我們總認為教師有良好的教學技巧，學生就應該學習得好，我們也經常誤解「教師怎麼教，學生就怎麼學」，但教與學的結果顯示就非如此，原因在於：我們太在乎教師的教學行為，而忽略學生學習表現之內在認知歷程的察覺。

臺灣這幾十年來的教育改革沒有成功或失敗，但可看到的現象是學生的學習落差愈來愈大。部分學生對新課程或在教師的創新教學方法上，獲得更高層次的學習機會與成效；然而，另一部分學生在課程改革中仍不具有基礎知能，在成長中逐漸失去學習信心，甚至放棄學習。

十二年國教課綱已於 108 學年度開始實施，並以「核心素養」作為課程發展之主軸。核心素養已經超越早先的知識學習和能力的培養，是以情境任務型塑學生面對現代與未來生活挑戰所需要的一切智慧作為，這還包含面對情境問題的分析、判斷與問題解決的思考與實踐，以及各種情感投入。以核心素養架構的課程，確實給予教育工作者面對當前課程實踐與學生未來發展一些重新思考機會。只是，令人擔心的是，那些早期因為許多因素影響造成學習低落的學生，會不會又再一次地在課程改革中失去學習動力與成效；而那些已經具備基礎學習知能的學生，是否可以在新課綱的學習中持續地展現他們的優質學習表現，進而獲得足以在未來生活中面對各種複雜情境之挑戰的能力？

本書理念即基於「關注學生在十二年國教課綱素養導向課程的學習歷程」，試圖從素養導向的教學設計、學生學習歷程的檢視評估、察覺學生的學習成效與學習困難等，解析當前教師面對課程改革的挑戰與所需知能；再以教師共同備課和觀議課的社群運作以及細部關鍵作為，透過具有信效度的觀察與記錄，引導教師深度對話與探討學生學習困難，以及共同發展因應學習困難的教學策略，最終彰顯教師的

教學專業。

　　本書不同於先前的《素養導向的教師共備觀議課》一書，僅指出一般性教師共備觀議課之理念與做法，本書書名是《素養導向的教學實務：教師共備觀議課的深度對話》，如同書名，本書協助教師將核心素養轉化為符合教學情境的教學作為，特別是深入探討型塑學生核心素養的教材分析、教學活動與評量設計；其次，本書也強調學生學習歷程的關注，包含學生的認知思考，以及在各領域學習時可能會有的學習困難之察覺；再者，本書在教師共備觀議課的作為上，更深度地探討以學生學習困難為中心的共備課之做法、具有效度與信度的觀課紀錄，以及透過教師議課的深度對話，省思自己教學實務知識改變與成長的歷程；最終再提及社群運作與教師領導理念，對學校社群教師進行共備觀議課的關鍵細節。

　　上段提及的兩本書之內容是具有關聯性與繼續性，但概念重疊部分不及 10%，若教師未有共備觀議課的經驗，建議先閱讀先前那本《素養導向的教師共備觀議課》；如果教師對核心素養以及共備觀議課已有基本的認識，此書可以提供更深度的思考與發展方向。

二、本書各章介紹

第一章

　　第一章指出核心素養的型塑。核心素養無法單獨教導，需要透過情境任務或事件問題，讓學生將所學習的知識通則、原理、方法……等形成解決問題的策略性知識，並在情境中進行分析與判斷，再實際運用合宜的策略性知識解決或完成任務。當學生在學校不斷地獲得這種經驗，我們便可以期待學生在現代或未來生活面對挑戰或問題時，自然地、習慣地、敏捷地分析與情境判斷，再檢索大腦內的知識，解決問題。不過，策略方法的習得也需要教師的精心設計，在核心知識上建立關聯，以及核心知識、策略性知識與情境任務的編擬和設計，

上述這些是型塑學生核心素養的課程與教學設計之關鍵要素。

然而，多數生活中的挑戰非單一學科或領域知識可以應付，學校教師得要具有跨領域課程設計能力，第一章第二節即先定義跨領域的意涵，並以貼近學生經驗的生活議題為核心，分析議題之次要知能與統合任務，再提出跨領域課程的設計原則與教學活動設計的相關實務做法。

第二章

即使教師已經理解型塑學生核心素養是透過核心知識、策略性知識，以及情境任務的經驗歷程，不過，這是一種階層性的知能發展，如果教師在教學過程中沒有確認學生的核心基礎知識是否具備、沒有檢驗學生的策略性知識是否建立，就直接提供情境任務給學生，學生將在情境任務中迷失方向或產生學習挫折，也可能只體會到活動經驗而未型塑應有的素養。因此，核心知識、策略性知識的評量設計與檢驗相當重要，第二章便以此為核心進行撰寫。

另外，第二章還提及情境任務的編擬是核心素養型塑的關鍵，教師設計的情境任務要與教材內容所轉化的原理和方法有關，亦即情境任務的情節是核心知識與原理的轉譯。再者，情境任務的挑戰多屬於實作評量，教師得要發展實作評量的評分標準表，將重要的核心知識與策略轉化為評分向度，再透過學生實際的表現進行評量。

簡單來說，核心素養導向的教學設計具有「核心知識、策略性知識，以及情境任務」的層次結構，根據不同層次結構可以發展不同的評量做法。

第三章

本書理念提及部分學生在多年來的教改下仍不具有基礎知能，逐漸失去學習信心或放棄學習，而已經具備基礎學習知能的學生也需

要在新課綱的學習中持續地展現他們的學習表現，進而獲得足以在未來生活中面對各種複雜情境之挑戰的能力。每一個學生本來就需要被教導、被照顧，加上新課程改革，造成教學工作的困難度愈來愈高。教師如何兼顧新課程的理念、調整與運用合宜的教學策略，以及思考「每一個學生」都得要認真投入學習，這雖然是個挑戰，但也並非不可行。本書第三章即以「為所有學生而教」為題，撰寫教師可以採用的教學策略。

學生需要在學習過程投入，不僅是行為上的參與，也需要有認知上的思考與產出，教師可以設計學生同儕討論、具有分工與團體任務的小組合作學習，以及運用差異化教學的理念，讓學生依其起點、特質與學習風格，以個別化的促進，而不是差別化的對待方式進行學習，這是第三章的核心論述。

第四章

如果學生對教師所呈現的教材和教學活動毫無心智上的理解，就難以談得上學習參與。再者，教師要確認學生的學習成效，運用評量雖然可行，若不瞭解學生對於學習理解的心智歷程，即使教師知覺學生的學習結果，仍然無法充分提出改善學生學習成效的策略。因此，教師得要瞭解學生在學習時的心智運作歷程。第四章先解釋學習理解的定義，再提及複雜知識與能力自我建構的歷程，包含個人與社會建構的學理轉化為教學實務，這對於學生的核心素養型塑相當重要。

另外，各領域內容的知識型態略有不同，不同領域知識存在著特定的理解方式，本章再針對各領域教材內容的重點面向，提出學生在各領域知識的理解過程，包含語文（閱讀理解）、語文（寫作）、數學領域、自然科學領域、社會領域，以及其他以文字敘述內容為主和以體驗動作內容為主的領域知識，提供教師在教學設計、觀課或議課時可以對照學科知識以瞭解學生的學習歷程。

第五章

　　第五章是以「診斷學生學習困難」為題撰寫內容。一個專業教師不應該被認定是自己擁有多少專業知能，而是能夠準確判斷學生的學習困難，並進一步提出改善學生困難的教學策略，提升學生的學習成效。教師是專業工作者，教學專業的施展一定高於那些沒有接受師資培育的人士，因此，準確地診斷學生困難是當前教師必要的知能，是教師足以讓社會大眾肯定的教育專業。造成學生學習困難的因素很多，涉及到認知歷程與非知識的相關因素，在細節上，可以推估是以前教師的課程內容與教學活動設計不當、學生學習動機、學習自信心、社交關係、師生關係影響或其他生理問題。

　　教師要進行觀議課得要具備學生學習困難診斷的專業知能，本章的目的即在於此。本章也再提及學生在各領域學習時會出現哪些學習困難，從哪些行為判斷學生是否是先備知識不足、核心知識有迷思、缺乏學習策略或後設認知策略、知識與技能難以建立關聯等，教師不僅可以在觀課中察覺，也可以在議課中進行討論。

第六章

　　教師共同備課對教師的教材分析、教學策略與評量設計的發展有極佳的利益，但這早已在上一本書中提及，本章提及的是從學生在教材知識的困難之概念為起點，或以發展校訂課程的學習方案為中心，教師可以參考本書前三章，根據學習內容先自己備課，理解與寫下教材核心知識、策略性知識、教學策略與教學評量，再一起共同備課，提煉自己在教材教法上的教學實務知識。

　　本章再指出教師共同備課要感受到利益與價值會有一些關鍵因素，包含個人的教學信念與專業認同感，而教學信念不同，無需要求教師具有一致性做法。本章強調共同備課的關鍵在於分享，而不是產

出共同的教案。何況每班學生不同、教師教學風格與專長略有不同，教師相互刺激思考與相互學習可以促進共同備課的成效。不過，如果教師藉由共同備課也無法解決學生學習的困難，那得要邀請校外專家學者或專家老師前來提供教材分析與成功經驗，或者是運用校際網路共備的機制，擴大教師對教材教法的基礎知能，共同備課的價值會更高。

第七章

觀課是「觀察」，不是「看」，「觀察」是有目的、有焦點，也需要謹慎，如果觀課時沒有充分理解觀課的目的，也無法蒐集到學生關鍵性的表現資料，那就失去教師相互觀課的目的與意義了，如此觀課也缺乏觀課效度。部分教師觀課時，關注的焦點沒有聚焦在幾個特定學生上，亦即到處看看，也隨興記錄，即使教師已經描述許多，記錄多位學生表現卻無法指出學生學習表現之原因；另外，部分教師雖然被要求關注特定學生，卻在教學重要階段（例如：學生書寫習作、學生同儕對話）疏忽記錄，導致所蒐集的資料不足以診斷學生學習表現，當然就無法提出合宜的教學策略。本章即針對上述問題發展觀課的原則，以及如何記錄和蒐集充分的學生學習行為表現之資料。

本章另一個重點是觀課時是以教學者的教學活動流程對照學生的學習行為表現，而無需應用指標。外來的指標不一定適用於每一個教師的教學活動與學生的學習表現，隱含教學者理念或針對學生學習困難而設計的教學活動流程作為觀課基礎，相互對照以察覺學生的學習困難是否解決。

另外，本章也提醒教師具有效度與信度的觀察紀錄相當重要，要診斷學生的學習困難得要有準確且充分的證據，本章除了提出教師觀課時如何記錄外，也提及建立具有效度與信度的觀課記錄之做法。

第八章

　　議課比觀課重要，議課是教師共同診斷學生學習困難，相互刺激思考合宜的教學策略之時間，如果只有觀課沒有議課，那教師仍然無法相互學習成長。另外，教師的學習是自己建構，是透過教師間的對話，相互比較自己的觀點和他人觀點的異同，轉而改變或調整的心智歷程。因此，議課是一種教學研討，每位觀課者將觀察到的學生問題轉為案例或議題，大家提出自己的觀點與提出因應的教學策略，相互學習與自我省思和建構自己的教學實務知識。本章即以此理念為本，發展出許多議課時可以參考運用的原則。

　　議課時也要加入一些學生平時表現的資料作為證據，一併討論學生學習困難之處。學生的學習相當複雜，加入那些課堂中看不到的資料，有助於診斷問題與改善學習。而議課時對學生學習問題的診斷要有信度，如果觀課教師對學生某個行為表現均有類似甚至相同的看法，在學生表現的推論上就可能有較高的外在信度。

　　本章也提及教師自我省思的重要性，教師的學習來自於教師的自我省思，而非來自於他人的建議。然而，教師努力改善學生學習成效與專業成長的歷程需要彰顯，本章也提及那些已經具備共備觀議課經驗的社群教師，可以將共備觀議課的歷程撰寫成專業成長報告，除了取代先前依指標蒐集資料的方式外，也可以透過海報論文，讓家長與社會大眾瞭解教師的專業施展情形。

第九章

　　教師協同學習具有可行性與價值性，然而，研究者近年來走訪許多中小學，發現教師社群的運作並不成熟，無論是以學科領域、年級或議題組織社群，多數僅是分工進行某件任務，缺乏上一章所述的分享、省思與建構等協同學習的價值，這些學校教師可能受到長期以

來教師獨力教學的文化、組織氣氛和生活經驗的影響，社群運作思維的發展可能有限。一個具有符合教師需求的社群主題以及清楚目標與細節的運作流程，可以促進教師的專業對話、相互刺激思考與相互學習。其次，學校教師需要有外在社會刺激引發更深度的學習成長，而跳脫原有學校組織文化的校際社群，可以提供相互分享教學經驗以及討論教學活動的機會，也可以讓教師重新檢視自己的教學，設計比原有的理念更有成效的教學活動，更可能影響自己校內社群的理念與運作方式。再者，校際間的交流可能受到時間與空間的影響，網路工具和社交媒體平台似乎可以突破時空限制。透過這些數位工具的使用，校際間的教師不僅可以獲得他校教師的經驗，也可能在不同的學校文化中獲得許多的省思和學習的機會。

然而，在社群中，具有教學領導特質的教師需要扮演關鍵身分，發揮教學影響力，才能帶動社群教師的專業成長。教師領導不是一個人的角色或職位，也非權力或責任，而是透過專家教師的成功經驗，發揮他們的影響力，去影響其他教師的學習。

因此，本章指出一些教師社群運作的原則以及深度對話後的專業成長利益。再參閱國際上成功的社群運作經驗之文獻，提出教師領導的概念與其關鍵細節，以教師發揮影響力的方式引導社群的發展。

三、本書目的

本書是我接續前一本《素養導向的教師共備觀議課》出版後兩年的研究心得，透過文獻以及臺灣許多中小學學校校長與教師的觀點對照，釐清許多教師共備觀議課的問題以及更深度的作為。

最近國際文獻開始省思，教師專業成長與學生學習成效之關聯，也有一些聲音指出，教師專業成長是建立在學生的學習成效上，亦即學生學習困難沒有改善，甭論教師專業的顯現；再者，這兩年來，我的研究發現，絕大多數的臺灣教師都認同且願意為學生學習而努力思考，卻愈來愈厭惡參與那些僅為表面資訊接受的教師專業成長

活動：另外，十二年國教課綱總綱實施要點中提及教師可以發展社群，進行教師共同備課、觀課與議課，改善學生學習成效與促進教師專業成長。基於上述這些觀點，以學生學習為中心的教師共備觀議課之教師專業成長模式儼然成形。

　　本書認為教師改善學生學習困難或促進學生學習成效的歷程即是一種專業成長與專業顯現，因此，本書的撰寫核心是以學生學習可能會發生的問題作為教師分析教材、共同備課與觀議課的基礎，並提出可以促進教師感受到共備觀議課的利益或價值的方法。而本書之最終目的乃在於透過本書理念的傳播與期待教師共備觀議課原則的操作，著實改善學生學習品質，而教師在此過程中，教師專業不斷提升、彰顯，並獲得社會大眾的認同。

四、每章文末提供「教師讀書會可探討的問題」

　　根據我多年來走訪臺灣各地學校的經驗，多數學校已經開始組織教師社群進行共備觀議課以及學生學習活動的研討，有些學校是採用年級或領域教學會議研發教材教法與評量，亦即各校幾乎都有教師研討會議或共同不排課的時間，部分學校教務主管或召集人需要安排研討主題，卻有時候苦思許久。

　　有鑑於此，本書在每章文末提供「教師讀書會可探討的問題」，有系統地依循本書章節的內容，發展一些研討主題，教師閱讀該章節的內容後可以自我產出一些心得，並各自產出後，再與社群教師分享或討論。

目 錄

第一章

素養導向的教學設計

十二年國教課綱是以核心素養作為課程發展的主軸，而核心素養是指一個人為適應現在生活及面對未來挑戰，所應具備的知識、能力與態度。不過，我這兩年走進數十所學校，訪談上百位教師，多數教師說不上來如何設計型塑核心素養的教學活動。大多數教師參與過課綱相關的研習活動，主講者會從總綱談到各領域綱要，也從三面向九項目的定義談到學習內容與學習表現，這些研習活動雖然讓教師瞭解課綱內容，可能也知覺到核心素養與先前的能力指標，但受訪教師告訴我，當打開課本，開始進行單元教學的備課時，卻不知道如何將教科書內容與核心素養連結在一起。

再者，在教學過程中如何察覺學生具備核心知識？進一步地，如何察覺學生能夠面對情境問題解決任務，以俾轉化為核心素養？部分教師由傳統的評量轉化為素養導向的命題，似乎還無法充分掌握。另外，教師被鼓勵進行跨領域課程設計，即使跨領域統整課程最多占領域學習課程總節數五分之一，但長久以來，教師獨力作業的習性，跨領域課程統整性主題設計有別於傳統的分科或分領域課程設計，需要教師集體思考和共同發展，這對多數教師而言又是一個挑戰。

本章基於上述教師問題，提出具有學理基礎與實務操作的內容。這些內容可能可以突破教師思考的盲點，也讓教師在面對十二年國教課綱與核心素養的教學設計時能有原則性的理解。

第一節　策略性知識和情境任務

許多教師已經瞭解核心素養的定義：「一個人為適應現在生活及面對未來挑戰，所應具備的知識、能力與態度。」若轉化為比較具體的語言則是：「當一個人在現在或未來生活中，面對問題、事件、複雜情境、各種疑難狀況，能夠瞭解問題的始末、分析問題的關聯細節、判斷問題的關鍵要素，指出問題原因；並且能嘗試地運用所學習過的原理原則、方法、能力等，實際形成解決問題的策略，並進而解

決問題。」簡單來說，核心素養就是指一個人能在面對問題時，瞭解問題的根本，能夠運用策略性知識並解決問題。

核心素養是在持續的問題解決或任務中培養

核心素養無法直接進行教學，需要透過「問題、事件、複雜情境或各種疑難狀況」的設計，培養學生分析思考能力，再透過策略性知識的實踐，嘗試面對挑戰與練習解決問題。當教師不斷藉由相關課程內容進行上述的教學設計，學生也不斷地嘗試分析問題與解決問題，我們便可以期待學生在生活以及未來面對問題、疑難狀況或任務時，習慣地、自然地、敏捷地檢索大腦裡面所學習過的知識，形成策略性知識，進而解決問題或完成任務。

策略性知識是一種後設認知知識，亦即在任務與挑戰中，學生知道該運用哪些特定「通則、原則、方法、定律、定理、公式……」等，這些「通則、原則、方法、定律、定理、公式……」等，我統稱為「策略性知識」，而策略性知識得以用來面對問題與解決問題。

而**核心素養的型塑則需要將策略性知識表現於情境任務中，這種學習表現包含發展、分析、綜合、評估、創新等**。換句話說，這是一種學習遷移，學生將運用所學習的策略性知識去完成任務或解決問題。教師在分析教材內容與發展策略性知識之後，就要設計學習目標。學習目標即是「學習表現＋策略性知識」的結合，再安排適當的教學活動。

舉例來說，學生學習天氣單元中的要素之關鍵知識後，期待學生能夠「分析颱風行進路線的因素」，此時便可以讓學生站在大螢幕前面播報氣象。為了播報氣象，學生需要瞭解氣壓與颱風行進路線的關係等天氣相關的原理，並且以合宜的資料報告出來；另外，當學生瞭解統計圖表的意義後，設定「藉由統計圖表預測數據的發展」，就可以讓學生以臺灣出生率資料進行報告，學生需要知道統計圖表的線圖趨勢代表著不同年度的變化，並且加上其他合宜資料，提出人口預

測數據：當指導特教生認識錢幣與應用後，可以將教室改成模擬的超商，架子上擺上實際的販賣物，讓學生實際使用錢幣。如此說來，有一點「學以致用」的意思，只是這個「學以致用」不是單純的一個小技巧，也不是模仿教師的報告，更不是教師直接指示要使用的策略，而是**自己需要組織已學過的知識（策略性知識）進行分析、判斷等高層次學習表現（學習表現），在適當的時機（情境任務）中展現出來。**

不過，教師一開始可以先指導一個小技巧的應用，等到學生瞭解與知道如何應用後，再調整情境任務的複雜度。學生嘗試解決問題或完成任務時，不直接告訴學生問題的關鍵，也不要直接要求學生運用什麼原則，而是讓學生能從問題情境中分析與判斷，再形成解決問題的策略報告，等確定此策略報告可行後，若有實際的情境或可建立擬真的情境，就可以提供練習解決問題的機會。

我們生活中經常以策略性知識分析問題或解決問題

策略性知識經常出現在我們分析、判斷或解決生活問題上，只是我們可能沒有知覺那是策略性知識的應用而已。例如：我們知道要從高雄到臺北，若要快速到達，需要花更多的金錢（例如：坐高鐵），這裡頭有時間和金錢成反比的「公式」；或者是，當百貨公司周年慶時會湧入大量的消費者，這裡有著降價時會有較多的銷售量的經濟「法則」；另外，我們可以藉由減少吃高熱量的食物來達到減重的效果，這也是減重的「方法」之一。

我們經常在生活中應用策略性知識分析、判斷與解決問題，反過來說，我們得在教學過程中，培養學生運用策略性知識解決問題的智慧與能力，特別是在複雜的任務中，讓學生能夠綜合各種「通則、原則、方法、定律、定理、公式……」等策略性知識去嘗試分析、判斷與綜合思考，進而面對問題與解決問題。如此，如同前述，學生也就可以在現在生活和未來面對問題、疑難狀況或任務時，習慣地、自然地、敏捷地檢索大腦裡面所學習過的知識，形成策略性知識，進而

解決問題或完成任務。

 策略性知識是多個概念與技能的連結

　　然而，如果要從領域綱要中，解構核心素養理解策略性知識以及設計情境任務，這得要教師分析核心素養中的學習內容與學習表現的關鍵詞，學習內容即是學生要學會的內容，學習表現是學生表現於外的行為，再將上述的內容與行為連結，發展成學生最終要在什麼內容上表現出什麼樣的行為，教師再轉化為問題情境，亦即類似以「先有策略方向再發展問題的做法」發展情境任務。不過，以我訪查國內許多學校的心得而言，如此做不容易，若強迫要求，可能最終會有統一模組出現。

　　我建議教師從教材單元的內容進行思考，分析教材內容的要素：概念（技能）、通則（定理、定律、方法、原則、公式、能力等）。而後者所提及的通則、定理、定律、方法、原則、公式、能力等，就是可以用來解釋問題、判斷問題，作為解決問題的策略或策略性知識。

　　舉例來說，地形（山地、丘陵、平原）是概念，溫度也是一個概念，而「當每上升一百公尺，溫度就下降 0.6 度」（呈現多個概念的連結：地形、氣溫的連結），這就是通則、原則、定律等策略性知識。如果教師設計一個登山活動計畫書，學生就必須要將此「當每上升一百公尺，溫度就下降 0.6 度」的通則應用於任務中，就可以平地溫度判斷逐步上山後的溫度變化情形。另外，相同距離下，時間和速度成反比，這即是一個公式與定理（策略性知識），內含時間、速度和距離等概念，當教師設計一個生活事件時，便可以讓學生運用「時間、速度和距離」（多個概念：時間、速度和距離的連結）公式解決問題。再者，速度是一個概念，比例尺也是一個概念，這兩個又可以形成什麼樣的原理原則，就有發想的空間。

　　再以能力來說，會運用關鍵字查閱資料是一個技巧，會依據相同類別進行分類整理又是一個技巧，若再加上技巧（如：重點標註）整

合連結，就是一個「資料探索的能力」。

　　教師瞭解學生所學習的概念，包含先前學過的、其他學科學習過的，都可以統合起來連結成策略性知識。

概念間的擴散思考對形成策略性知識很重要

　　策略性知識的形成需要學生在眾多概念間不斷地聯想，教學時，教師可以指導或提示，但實際參與任務或解決問題時，就需要訓練學生自己組織。不過，學生對概念的聯想有很大的差異。

　　我曾經訪談過就讀一般人們認定名校或第一志願的高中生，當我提到「甲午戰爭」並要他們回應想到什麼時，一些人會想到為什麼會發生此戰爭？此戰爭的後果是什麼？但我訪談的那個優質學生竟然提及「此時愛迪生剛發明電燈不久」。然而，我訪談另一個屬於較後面志願的學校之學生，我說了「甲午戰爭」並要他們回應想到什麼時，這些學生提到「發生在哪一年？地點？是哪些國家？」。由這兩類學生的回應可以看出，前一類接受訪談的學生檢索大腦裡面相關聯的知識連結思考，亦即從甲午戰爭的事件與西方國家發生的事件進行跨時空的聯想，而後一類的學生可能僅是瞭解細節事實。

　　如果學生經常將不同的概念連結思考，就容易形成策略性知識，即使遇到不熟悉的情境或問題，也會檢索各種策略性知識，嘗試解決。反之，如果學生僅是背誦或理解單一概念，遇到問題時，思考就會受限，畢竟情境問題大部分都是複雜的，需要不同概念的連結，甚至是跨領域的知識連結。

　　因此，教師在進行教學時，需要經常喚起相關的概念，並提示或鼓勵學生思考不同概念間的關聯。

分析教材單元的知識結構

　　我這兩年訪談與觀察一些教師的備課情形，部分教師直接告訴我，就是按照課本單元內容去教，即使不是照著文字念、也非照著題

目一題一題教，也大都按照單元內容的順序逐步設計與教學。另外，在需要做實驗的單元，教師會指導學生按照實驗步驟去操作，再透過數據進行討論科學原理。然而，教師逐個標題或段落指導完畢後，均即表示該單元即是教學結束，沒有進一步思考有哪些概念可以再統整連結。

　　一個概念可以指稱許多事實示例，事實示例指的是特定的人事物，而概念是將具有相同屬性的事實示例抽象化成一個類別，再給概念名稱，反過來說，如果沒有存在那些屬性，就不能叫做那個概念。事實示例具有特定性，無法遷移，被特定的時間、空間或情境綁住；而概念具有概括約性，可以指稱許多特性事物。例如：北回歸線、甲午戰爭、我的學校的校長等均是事實示例，而地理位置、戰爭、校長即是概念。不過，事實示例與概念間還存在一個主題，主題是把許多特定事務，以時間、空間、方式、情境等條件組合在一起，例如：清末的戰爭。主題與概念有時難以區分，一般而言，如果強調集合的意義，即是主題；如果強調屬性，就是概念。再舉一例，鳥類動物，若是強調包含麻雀、老鷹、鴿子、企鵝等，那「鳥類動物」即是主題；若是強調「有翅膀、有羽毛、有硬硬的嘴巴、有雙足」等具有這些屬性的動物，此「鳥類動物」即是概念。

　　在指導學生概念時，通常是從某些事實示例為例子，但教師一定要提到那些事實示例有些什麼共同屬性（特徵）。以鳥類動物為例，教師不能僅是以麻雀、老鷹、鴿子、企鵝等示例來教導「鳥類動物」的概念，要提到牠們「有翅膀、有羽毛、有硬硬的嘴巴、有雙足」，並且再說「如果某個動物少了這些屬性，就不能叫做鳥類動物」。

　　當學生學會概念後，就會使用概念作為溝通工具。一個高職學生可能跟老師說：下週爸爸要去「國外旅行」，但我卻有「實習」課要上，我很「矛盾」到底要不要跟爸爸去？學生不需要解釋國外旅行、實習、矛盾，老師就能聽得懂。

　　再舉一個社會科教材單元的例子，分析「事實示例、概念、主

題、通則」，如圖 1.1。圖 1.1 中，「種植水梨」、「養殖魚苗」、「工廠製作衣服」三者均有「勞動、產品、控制」等屬性，這是「生產」的概念；而「市場買菜」、「網路購買衣服」、「線上付款聽音樂」都具有「取得商品、支付」等屬性，這是「消費」的概念。然而，「網路購買衣服」、「線上付款聽音樂」都是屬於「網路上」（特定情境）的消費行為，亦即有集合的意義，這兩者可以形成一個「網路消費」的主題。不過，這個實例僅適用於該單元，不同單元有不同的概念分析，說不定在另一單元「網路消費」談及「網路消費的屬性」，那就變成了「概念」而不是主題了。

而概念與概念之間，若有包含、連結、組成、因果、發展、依賴、相對等關係，便可能形成一個通則、定律、定理、原則、策略或方法。例如：以圖 1.1 而言，生產與消費之間具有「有人買就會生產」、「有消費就會生產」、「消費愈多、生產愈多」的通則。然而，這個通則的成立得在某個情境下，換句話說，在不同情境，可能有不同的通則形成。

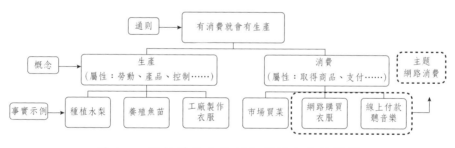

圖 1.1　教材單元內的認知領域內容結構圖

💡 重要的核心知識（概念和技能）一定要讓學生理解

教材單元內的核心知識（概念和技能）是架構著單元內容的骨架，當學生全部瞭解骨架中每個核心知識的定義與功能，整個單元就

會理解。換句話說，如果核心知識理解不夠扎實，對此單元的理解就會模糊，對此單元的問題回應就會非常空泛。而核心知識之間所形成的原理通則是屬於策略性知識，亦即學習此單元後如何應用於情境中的問題而已。

教師在指導學生理解核心知識，特別是概念時，可以運用概念獲得教學法，亦即：

1. 備課時先找出具有該概念屬性的事實或實例，每個屬性務必都要涉及，若忽略一個屬性，學生學習可能就會迷思或誤解。

2. 上課時再透過諸多事實與實例，並且逐一提及內含的屬性；或者是教師先不說明，而是讓學生去操作、去比較，發覺該事實的屬性。

3. 再將具有該些屬性的事實歸類在一起，定義概念的名稱。

4. 再舉出非具有該屬性的反例，強化該概念。

當學生學會某個概念後，其實他們也瞭解這個概念的屬性，學生便可以很容易地記著這個概念的意義，並遷移到他們未來的學習。當他們接觸到類似的事物或事務時，便可以藉由「是否具備某個概念的屬性」進而判斷是否屬於先前學過的概念，或者是比較兩個概念之間的差異。試想，當學生學習理解颱風這個概念後，當學生又閱讀到龍捲風或者是颶風，學生如何分辨這些的不同呢？如果學生完全理解颱風的定義，就能夠在學習龍捲風時清楚地分辨；而如果學生沒有掌握颱風的定義，就可能會和龍捲風或是颶風一起混淆。

重要的技能（也是核心知識）的步驟與指導

技能（skills）被廣泛使用在教材內容分析中，包含動作技能、行為技能、閱讀技能、寫作技能、推理技能，甚至過程技能。上述這些技能之部分強調肢體行為表現、部分強調認知思考表現，本節所提的技能是專屬強調表現於外的動作技能。即使這些表現於外的動作技能可能部分需要認知上的處理，但仍著重在生理行為上的表現為主。以數學而言，可能有測量長度；以語言而言，聽說讀寫均是技能；以

科學課程而言，操作儀器即算是；再以健康體育而言，CPR 急救以及行進間籃球運球亦是常見的技能；以藝術來說，敲擊樂器以及表現動作均也是。

　　技能和概念同等位階，而技能的操作步驟如同概念的屬性。學生如何學會操作顯微鏡？這涉及操作過程中的步驟動作，這些連貫性的動作組合成一個「顯微鏡操作」的技能。有些技能的步驟可以略微前後調整或加入新的步驟動作，藉此發展不同的技能，有些步驟還得要依循既有的順序才行。

　　而當學生知道某項技能的操作順序，我們可以說此學生具備該技能的（簡單的）「程序性知識」，例如：知道如何操作 CPR 的知識。然而，技能的學習與最後學習成效的檢核，還是需要檢核學生在此技能的外在行為表現。反過來說，學習技能不能僅是行為上的操作與練習，絕大多數的技能都需要讓學生理解（除了像開車這種知道怎麼開卻不知道汽車行進原理的例子外）。以顯微鏡操作而言，反光鏡和光圈的功能為何？為何要從低倍鏡開始？簡單來說，多數技能的教學還是得促進學生認知理解後的操作步驟行為之練習與評量。

　　而和通則（策略、定律、定理等）同位階，我稱之為「歷程能力」，其教材單元內的技能性內容結構圖如圖 1.2。

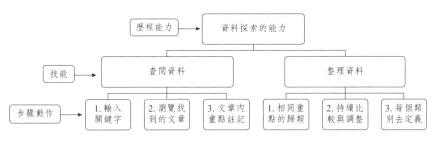

圖 1.2　教材單元內的技能領域內容結構圖

值得一提的是，每個教材單元內容不一定全部都是概念之核心知識或全部都是技能之核心知識，教師可以在兩個面向之間進行統整，畫出教材內容結構圖。在概念與技能的位階對應上，屬性對應步驟、概念對應技能、通則對應能力。教師亦可以跨越單元，以某一個單元的通則統整另一個學科或單元的歷程能力，形成教材內容結構。

試想，當學生面對困難、問題或挑戰，無法由單一個原理通則解決時，就需要許多通則，也可能需要一些歷程能力，組合成一套策略，這即是用來培養學生核心素養的策略性知識之統稱。換句話說，策略性知識就可能包含許多原理通則與歷程能力。

不同的學科領域有不同的知識重點

即使上述內容把教材單元內的概念與通則以及技能與歷程能力釐清，仍無法完全適用於所有學科，原因在於不同學科之間有不同的知識焦點。例如：

以歷史相關學科知識而言，歷史事件的發生歷程、因果事件的對應、事件產生的效應，以及跨越時空事件的連結，都是通則類的知識，亦即歷史知識的存在多數是事件與事件之間的連結，有些是當時的事件、有些是往後的事件。再者，培養學生具備探究事件因果的歷程能力也逐漸受到重視。

以科學相關學科知識而言，物理或自然現象的細節是促進學生是否理解該核心知識的關鍵。例如：為何為形成彩虹？颱風如何形成？這其中包含許多關鍵要素（或屬性細節），若學生無法充分掌握這些細節，學習可能就會產生迷思。另外，一些科學素養也經常被提及，探究、推理與發現等「歷程能力」也成為科學領域相當重要的知識。

以數學相關學科知識而言，數學概念與高低層次的程序性知識占了大部分的內容。數學概念包含三角形、質因數等，教師指導這些概念時，就需要讓學生掌握這些概念的屬性；而低層次程序性知識是運算技能，高層次程序性知識即是解題程序與方法，是屬於通則類或歷

程能力類的層級，教師就得讓學生理解概念與概念或概念與技能之間的關係。

　　以語文相關學科知識而言，語文學習包含：詞彙、句意、文法結構、文意、文化理解等面向。詞彙和句意屬於細節，而文法結構是屬於一種通則，若是展現於外，書寫文章即是一種能力；若是藉由文章理解文化，那即是兩個以上概念的關聯，也是屬於通則的位階。語文知識還涉及口說，那即是技能和能力的面向，技能包含正確地念出一個具有生活意義的句子或段落，而歷程能力則是表達，可能包含技能與知識概念的結合。然而，語文相關知識會隨著學習知識的發展，位階會逐漸提高，例如：對大學生而言，「演說」可能就是一個技能而已，但在中小學階段可能就是屬於歷程能力的位階。

　　以地理相關學科知識而言，重點在於由描述分類轉為形成與功能，描述分類即是概念位階，而形成與功能即是通則位階。例如：以描述分類的概念指導來說，指導學生瞭解某一個地形或景觀，就需要指導學生該地形或景觀的細節，並分辨與另一個地形或景觀現象的差異；再者，這些景觀現象如何形成，涉及到哪些其他因素，以及這些現象轉化成哪些功能（例如：水力發電），這是教師在地理相關學科知識分析時需要提出的內容。不過，地理相關學科知識也涉及一些歷程能力類的內容，包含辨識方位、地圖使用等。

　　至於音樂、體育、家政等學科，也都包含通則和能力的內容，教師在教材上只要掌握：(1) 知識：屬性、概念、通則；(2) 步驟、技巧、能力等階層知識的運用原則，就可以建立該單元教材內容的結構圖。

　　先前提到的策略性知識包含通則、定理、定律、方法、原則、命題、公式、能力等，在不同的學科領域會有比較明顯的呈現與運用。舉例來說，數學領域就會有較多的公式、自然領域則較多的定理定律、社會和語文領域有較多的通則與命題，而在統整課程上則較多的能力。

重要的情意（也是核心知識）的因子與指導

　　教材單元內的核心知識包含認知上的概念、技能和情意上的因子，一般而言，教師通常會指導學生前兩者，並以概念型的核心知識居多；若是體育或其他動作表現的學科，則以技能的學習為主；而輔導活動或綜合活動領域，情意上的因子就明顯變多。

　　不過，核心素養比能力指標更符合當前社會需要之其中一個原因是：學生能將所學習的知識自然地、習慣地、積極地運用在情境任務中。這不能僅指導學生是否具備相關能力而已，還需要檢視學生在面對問題以及處理問題的態度，甚至包含同理心、挫折忍受力等。如果要簡單的區分能力指標和核心素養的不同，那即是「判斷」，亦即能力指標是指某項能力的培養，而核心素養則提及學生現在或未來需要**判斷**能力的使用時機、方式，以及可能涉及的心理因素，例如：動機、自信等。

　　另外，教師即使以教科書作為唯一教材，並發展出概念、通則和能力的教學內容，仍需要思考是否可以加入某些情意因子。教師不是教科書的代言人，不需要完全地遵照教科書的內容，需要因應核心素養、學生特質，以及學校文化等因素，統整一些情意因子進行課程與教學設計。

　　情意因子即是學生情感上的表現，這些情意因子可以從一般教學設計的情意目標層次思考，例如：接受（願意、注意、察覺）、反應（積極、主動、遵從）、價值（認同、分享、溝通、欣賞）、組織（堅持、同理、統整價值）、品格形成（信守、型塑）。若要詳細瞭解內容，請讀者查閱教學原理相關書籍。

　　若要指導或判斷學生是否具備情意因子，就得先設想哪些情境因子會有哪些行為表現發生，之後要讓學生參與體驗某些情境，教師再從學生的參與中觀察是否具有那些行為。例如：教師要察覺學生是否**主動積極參與**小組學習（情意上的「反應」層次），可以先設定「主

動參與」包含「不需要經過他人提醒而自己提出看法」和「不需要經過他人要求便能自己進行小組分工的任務」等行為，也可以再提出強度以及反向行為做正反檢核（請查閱本書第二章第一節）。這些「行為」如同「概念」之下的「事實」層次，而情意因子即如同於「概念」層次。

情意領域的教材內容不易像認知領域以及技能領域那樣可以畫出內容結構圖，原因在於難從較低層次情意內容抽象化成高層次的內容，例如：「認同」不一定含有「主動積極」的屬性。因此，情意表現多以外在行為進行判斷，不過，愈高層次的情意表現所包含的外在行為，一定會比低層次的情意表現的行為還要多和複雜。

教師若是搭配一般概念與技能性的教材，情意因子不一定要很高層次。我分析過課綱與領綱內的核心素養，大多數的情意表現均落在前三個層次內，例如：察覺、主動關心、欣賞或認同等，可能是因為高層次的情意是需要長時間的型塑。

💡 需要引導學生自己發現策略性知識

教師分析單元教材內的通則知識、能力與情意面向的內容，以及找出核心概念與技能，也加入合宜的情意因子後，需要嘗試將不同的概念、技能與情意因子相互關聯，形成策略性知識（通則、方法、策略、能力等）。本章在「分析教材單元的知識結構」的節點中提及概念之間可能有「關聯、因果、相對、依賴、發展、轉換、組成、產出」等關係，這些關係便可能建立或形成策略性知識。若再以認知領域的目標層次而言，這些關係即是「關聯→分析；因果→分析；相對→分析；依賴→分析；發展→評鑑；轉換→評鑑；組成→創造；產出→創造」。從認知領域的目標來看，策略性知識的建立大都需要高層次的思考（分析、評鑑、創造），教師也可以藉此策略性知識發展相對應的學習目標，發展相對應的策略性知識。

不過，相當重要的是，這些策略性知識不能僅用講述的方式指

導學生，還需要發展問題，以討論、實驗、探究的教學活動讓學生思考，最後讓學生自己講出策略性知識。如果要發展討論題目，教師可以提出下列類似的問題，括號內的文字是認知領域目標，但本書僅是舉例，教師需要根據教材調整討論題目的字句。

1. 關聯關係（分析）：什麼要素是這些事件的關鍵或關聯要素？

2. 因果關係（分析）：是什麼事件影響這件事情？

3. 相對關係（分析）：這個和那個有什麼異同？

4. 依賴關係（分析）：如果這個內容改變了，那個結果會變成如何？

5. 綜合關係（評鑑）：綜合這些事件最後會變得如何？

6. 轉換關係（評鑑）：這些事物可以轉換成什麼事物？

7. 組成關係（創造）：這些事物和那些事物可以組成什麼樣的新事物？

8. 產出關係（創造）：這些事物在融入或融合某些因素後會產出什麼？

舉例而言，教師可以提供學生或指導學生蒐集地形與溫度的數據，並且提出地形愈高，溫度為何？這兩者有何（依賴）關係？學生看著數據思考、討論發表，最後學生自己講出「每上升一定的高度，溫度就下降一些」。教師再追問細節，而學生若能講出「每上升一百公尺，溫度就下降 0.6 度」，這樣的策略性知識（屬於知識通則）便能夠建立。以後學生如果規劃登山活動，他們便可以用此策略性知識去準備防寒的裝備了。

編擬核心素養的情境任務

先前提及，核心素養是無法直接教學，而是運用策略性知識與情境問題培養來的。而教師可以在教科書單元內容分析與找出核心知識，以及策略性知識後，參考教科書編輯者為該單元列出的領域綱要之核心素養，提出學生的學習表現（高層次），再設計情境任務，亦

即提供學生運用該單元的核心知識與策略性知識表現於情境任務的機會。這種做法適用於部定課程。舉例來說，當二年級學生學會二位數的加法後，便可以把教室轉化成模擬的便利超商，再設計購買東西的任務或店員找錯錢的問題，讓學生嘗試解決情境問題。簡單來說，教師先思考學生要表現什麼策略性知識；其次，什麼情境、事件、問題或任務可以讓這些策略性知識表現出來；再以生活情境的經驗編擬問題或任務。

或者是教師也可以從各領域綱要的核心素養找出對應的**學習內容與學習表現**（可參考各領綱之附錄的學習重點之示例），**再分析其學習內容與學習表現，以「學生在什麼內容要表現到什麼程度」為思考方向，再編擬情境任務**。這種做法適用於校訂課程。舉例來說，社會領域中其中一個核心素養是「社 -E-A2 敏覺居住地方的社會、自然與人文環境變遷，關注生活問題及其影響，並思考解決方法」，其可對照的學習內容之一「Ca-II-1 居住地方的環境隨著社會與經濟的發展而改變」，再透過文化取材或從生活經驗中挑選內容，選定「空氣汙染」為知識概念，再加入地區「經濟產業」的類型，讓「空氣汙染」與「經濟產業」產出關聯以形成策略性知識（這個例子是屬於「通則」）；而學習表現是「3d-II-1 探究問題發生的原因與影響，並尋求解決問題的可能做法」，再考慮學生的能力程度，設定學習目標的行為表現是「分析」，兩者結合後，所設定的學習目標之一是「學生能分析空氣汙染發生的原因」（請參閱我先前的書《素養導向的教師共備觀議課》第二章）。

再以步驟說明如下：

步驟一：確認核心素養、學習重點、學習內容、學習表現

學習重點		核心素養
學習內容	學習表現	
Ca-II-1 居住地方的環境隨著社會與經濟的發展而改變	3d-II-1 探究問題發生的原因與影響，並尋求解決問題的可能做法	社-E-A2 敏覺居住地方的社會、自然與人文環境變遷，關注生活問題及其影響，並思考解決方法

步驟二：學習內容細部化、學習表現層次化，擬定雙向細目分析表

		學習表現（層次化）		
		知道	分析	報告
學習內容細部化	空氣汙染的定義	○		
	空氣汙染的原因		○	
	解決空汙的可行做法			○

步驟三：根據雙向細目編寫學習目標
學習目標 1：知道空氣汙染的定義
學習目標 2：分析空氣汙染的原因
學習目標 3：上臺報告解決空汙的可行做法

　　不過，教師也要先指導核心知識的學習與設計此類的學習目標（屬於低層次與中層次的學習目標），例如：(1) 學生能知道空氣汙染的定義；(2) 學生能分析空氣汙染的原因。之後，教師在設計高層次的學習目標——(3) 學生能上臺報告解決空汙的可行做法。例如：教師先以空氣汙染的圖片或影片補充學生經驗，再解釋空氣汙染的屬性，以便讓學生知道空氣汙染的定義；其次，教師可能以某個地區的經濟、社會、人為等可能的空氣汙染因子，提供學生思考與討論空氣汙染的原因；之後，教師提供學生某個地區的數據狀況，編擬情境任務，例如：「王大明住在○○縣市○○地區，最近幾年經常看到天空霧茫茫，他聽父親說早先三十年未曾有空氣汙染，這三十年來附近開發一個工業區，主要是以某某製作業為主，王大明家為何最近常有空氣汙染？請主動分析該地區之空氣汙染發生的原因？」教師再引導學

生查閱相關資料，最後上臺報告。

整體而言，核心素養的教學設計之學習歷程包含：(1) 核心知識的學習；(2) 連結許多核心知識形成策略性知識；(3) 再把策略性知識於情境或任務問題中應用出來。而學習目標便包含上述的低層次（核心知識）、中層次（策略性知識）、高層次（解決問題）等三層次。

在學習過程中，當學生具備核心知識，亦即此情境任務的基礎知識後，開始思考與討論可能的原因內容，可能需要找出證據驗證，也需要逐一排除。而在其中，教師透過觀察與學生發表或報告的內容，除了瞭解學生的學習理解情形，也察覺學生的學習表現（理解、分析與報告），最後綜合判斷學生在此核心素養的型塑情形。以學生最後的學習活動來看，即是學生先建立策略性知識（分析與提出解決策略），再以策略性知識完成任務和解決問題（評量部分請查閱本書第二章）。

核心素養導向的教學設計之歸納

根據本章第一節的描述，教師在進行核心素養導向的教學設計時，要先分析教材單元內容的結構，這些結構由下而上即是屬性要素（事實、步驟、行為）→核心知識（概念、技能、情意因子）→策略性知識（通則、能力、價值組織）→情境任務（知識情節、任務問題），如圖 1.3。

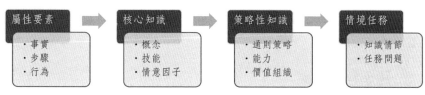

圖 1.3 核心素養導向的教學設計之內容階層圖

核心素養導向的教學設計表格

本書根據第一節的說明，發展「素養導向的教學活動設計表格」，如附錄一。教師們可以自行以文書處理軟體製作表格，也可以視自己或學校的需求調整、刪減或修改部分欄位。

第二節　跨領域課程的設計理念

早期的學科定義是根據知識的相似處與不同處的內容進行分類，不過隨著環境的複雜性以及問題解決的需求性，知識需要整合與交互作用，這也因此產出有別於傳統分科知識的統整性課程，文獻上指稱整合性的領域課程至少包含多學科（multi-disciplinary）、跨學科（inter-disciplinary）和超學科（trans-disciplinary）等三種。

多學科的定義

「多學科」具有學科並列傾向，以培養比較寬廣的知識、資訊或方法，各學科仍維持其獨立性，也保持著原來的學科本質，學科內既有的知識結構無庸置疑。這種多學科的概念宛如像是「學程中的諸多課程」，例如：教育學程包含著教育哲學、教育心理學、教育社會學等，每個學科間相互搭配，亦可具有序列，整合後形成的一個課程議題（topic）或方案（program）。此種整合課程雖然包含許多學科，但科目間的互動與統整性缺乏，學習者往往學習各個學科知識後不知道如何連結應用。

跨學科的定義

「跨學科」又稱為科際整合，其跨越單一學科的內容，整合兩個或以上的學科，每一個內含學科貢獻其特定的概念或思考方式，共同去闡述一個特定的主題或問題，因此，跨學科通常會有一個主題和統

合性任務，而主題拉起相關的次要主題或學科內容（概念或策略）。教師在設計跨學科課程時，需要確認學生需要學習哪些特定的概念或策略和思考模式，再歸入這些概念或策略於主題和統合性任務內進行探討。不過，這些來自各學科的概念或策略和思考模式並非只是並列出現，它們是有目的和有意義地交織在一起，亦即其中一個概念或策略可能需要連結另一個概念或策略一起思考，也可能一個概念或策略需要另一個技能或能力才能彰顯這個主題的意義。當學生能夠整合運用他們所學的各科概念與技能去解決問題、產出作品或解釋現象時，我們便可以稱學生具有跨學科知識的理解能力，也因此，跨學科課程的設計是以問題解決、作品產出和現象解釋來促進知識概念或策略和能力之間的連結。

超學科的定義

「超學科」類似跨學科的理念，亦有主題與概念、策略和能力的上下關係，但完全超越學科的內容與架構，一群教師跳脫自己是學科教師的角色，協同思考學科轉化後的概念、策略和能力，再去處理與指導學生探究每一個概念或策略以及這個全新統合或全面性的問題。在超學科課程中，沒有學科名稱，也沒有以學科定位的教師，僅有架構新主題系統的概念、策略和能力。例如：一個「焢土窯」的超學科課程設計，教師在選擇土塊時可以講解土質與地質，之後在堆疊土窯時可以探究力的方向與作用點，當食物放入敲碎的土塊中掩埋時，就可以提及溫度的變化，而可能在最後大家一起享受美味的食物時提及營養素或食物的烹調。在這個「焢土窯」的課程設計中，只有「地質」、「力的方向與作用點」、「溫度的變化」與「營養素或食物的烹調」都是「焢土窯」主題的概念，不刻意歸入學科知識的範疇，亦即沒有學科名稱出現，也不以學科結構思考，是以主題與其知識和能力進行連結。

多學科、跨學科與超學科的比較

簡單來說，「多學科」是指來自不同學科的教師一起工作，每一位教師均提及他們的學科知識以提供學生學習；「跨學科」則從問題出發，進而形成主題，再發展次要主題或概念策略和能力，藉由這些次主題（次概念）整合來自不同學科的知識和方法，以統合性任務深化學生學習；而「超學科」則是超越學科教師的角色，共同創造一個完全新的知識架構。以上述三者而言，超學科的設計最具有統整性，亦最符合社會環境的需要，不過，在正式學校教育體制上，要實踐「超學科」有相當大的困難，原因在於教師早已被賦予一個學科知識的培育與任務，也涉及到排課的節數，較難不以學科知識思考。若教師能善用協同合作關係，發展跨學科課程，以學生統整性學習為基礎，共同思考得以解決問題、產出作品和解釋現象的主題架構，並藉此主題架構連結各學科概念，這種跨學科的思維在當前教育體制是可行的。

跨領域課程的理念

跨領域課程的定義並沒有一致，有些指稱跨領域課程包含多學科、跨學科（科際整合）、超學科等形式，有些即指跨領域即是跨學科（科際整合）的概念。本書基於統整學習的思維，以跨學科（科際整合）的定義發展跨領域課程的理念。

以前實施九年一貫課程時，早有統整課程的理念，先前提及的多學科、跨學科和超學科即是統整課程的過程與結果。十二年國教課綱也延續九年一貫課程的統整理念，強調各級各類學校之領域／群科／學程／科目課程，應配合各學習階段的重點，規劃連貫且統整的課程內容。不過，早期的統整課程比較強調學科領域之間的要素連結，而十二年國教課綱除了將學習範疇劃分為八大領域，提供學生基礎、寬廣且關聯的學習內涵，獲得較為統整的學習經驗外，更強調培養具備

現代公民所需之核心素養與終身學習的能力。因此，學校教師在設計跨領域統整課程時，不應僅是像九年一貫課程強調課程要素的連結，其核心的主題宜著重在學習者整合核心素養的統合能力之表現。

當前社會愈來愈複雜，人們所面對的問題需要統整更多領域的知識發展解決策略，跨領域取代跨學科的用詞也逐漸被接受。不過，當前教育現場要能統整八大領域課程之內容，發展與設計跨領域課程相當不容易，然而，十二年國教課程類型區分為二大類：「部定課程」與「校訂課程」，學校教師可以善用「校訂課程」發展跨領域課程，畢竟發展校訂課程時比較不需要像部定課程那樣地考慮教科書內容或教學進度，未來教師體會到跨領域課程設計與實踐對學生學習的價值，以及具備跨領域課程設計的能力後，便可以嘗試統整部定課程綜合發展跨領域課程。

跨領域課程設計原則

跨領域課程具有主題統整的本質，因此，學校教師發展跨領域課程時，首先需要思考跨領域課程主題，藉由主題發展統整性的課程架構（主題、次主題以及次主題之間的連結）。學校教育不應僅是課程上的概念與技能等學術上的發展，教師應該要有大思維，思考學生面對未來的挑戰應該要有理念與能力。

再者，如前所述，跨領域主題通常涉及解決問題、產出作品或解釋現象，產出主題後，教師需要進一步思考，為達到此主題所設定的目標，需要指導學生學習的知識、技能、情意態度以及策略，這些知識、技能、情意態度和策略即是課程內容。

第三，再將上述的知識、技能、情意態度以及策略歸入學科領域內，以該學科領域的教材邏輯進行細部內容的架構與指導，例如：歷史強調事件的脈絡、後果、效應；科學關注物理或自然現象的細節；數學著重數學概念與程序性知識；語文則強調詞彙、結構、應用、文化等整合；而地理則需要瞭解如何由描述分類轉為形成與功能；藝術

23

則強調概念、技巧、知覺和省思的交錯。若是由各領域教師進行此部分的教學，每位教學者都需要知道其他教學者的教學內容，如此，才能提供學生更具有連結性的統整知識。

最後，教師需要發展一或多個統合性任務或問題，藉此任務或問題，引導學生統整上述第三點所學習的知識、技能、情意態度以及策略，完成任務或解決問題。

我們期待的是，當學生不斷地統合來自各學科領域的知識、技能、情意態度以及策略去面對挑戰，以後他們離開學校進入社會遭遇問題或困難時，便可能自然地、習慣地、敏捷地檢索大腦裡面的資訊去解決問題。

結合生活議題發展跨領域課程

十二年國教課綱總綱內提及在符合教育部教學正常化之相關規定及領域學習節數之原則下，學校得彈性調整或重組部定課程之領域學習節數，實施各種學習形式的跨領域統整課程。跨領域統整課程最多占領域學習課程總節數五分之一，其學習節數得分開計入相關學習領域，並可進行協同教學。藉此，學校教師除了在彈性學習課程、彈性學習時間或校訂課程外，亦可以結合各項生活議題發展統整性主題的跨領域課程，以強化知能整合與生活運用能力。生活中有許多議題，涉及到許多學科領域，也符合真實情境，可以成為跨領域統整課程主題的素材來源。

舉一先前提過的例子：「空氣汙染」，此議題之內容範圍至少涉及到空氣汙染物的介紹、汙染指數測量、汙染原因或來源、汙染對人體的影響，這些可視為主題的知識概念，再將這些概念歸入學科領域，分別是自然科學領域、科技領域、社會領域、健康與體育領域。而在實際設計上，教師可以檢視這些概念在各領域課程的分布，試著將相關的教材內容整合在一起，並在某一個時間段落進行指導，雖然各領域教師仍然在授課時間進行教學，但學生可在一段時間內獲得相

關的學習內容，之後，教師得要設計統合性的任務，提供學生可以運用在各領域所學習的知識進行跨領域主題探討的機會。

　　本書強烈建議教師，在分領域學習和評量之後一定要設計統合性任務，以驗證學生是否具備統合能力。此部分可以運用教師「協同教學」的方式，教師一起檢核學生面對任務的知能展現情形。

　　需要注意的是，教師不可以強迫無法融入主題的學科領域勉強加入，然而，在實踐過後，若發現需要額外的學科領域概念的需求或發現不適合的內容，則是需要在教學過後的省思階段進行調整。

跨領域課程次主題的思考

　　我瀏覽過許多學校的跨領域課程，略微發現學校發展跨領域課程的主題與次主題架構多只限於某些領域的知識層面的內容（多為自然領域和社會領域），各年級之間的層次也不明顯，如此可能導致學生忽略某些面向的議題；也可能產生各年級學生重複學習的現象。

　　首先，校訂課程之跨領域課程的學習內容是透過文化取材或從生活經驗中挑選，文化是指人們的生活習性內容，我提出一個跨領域課程次主題發展之雙向細目分析表，協助教師思考學習內容與學習表現的面向，如表 1.1，再說明如後。

表 1.1　跨領域課程次主題發展之雙向細目分析表

	理解（多元察覺）	探究（分析關聯）	改造（改善策略）
個人（心理生理）			
人文（經驗習俗）	✓		
自然（生物環境）		✓	
社會（歷史地理）			
經濟（職業維生）			
科技（工具傳播）			

　　縱向是指學習內容的思考，而橫向是指學習表現的思考。教師可以思考哪些學習內容要有哪些學習表現，在橫向、縱向交叉點打個勾，便可以形成一個課程目標。

　　其次，縱向的學習內容可以從：1. 個人（心理生理）、2. 人文（經驗習俗）、3. 自然（生物環境）、4. 社會（歷史地理）、5. 經濟（職業維生）、6. 科技（工具傳播）等六個面向思考。這些僅是提供教師思考，切勿直接寫上這些文字，要呈現發展後的學習內容。為了讓教師更進一步理解，我再將這些面向的學習內容詳細說明如下：

　　1. 個人（心理生理）是指學生個人的心理與生理發展的需求，心理發展包含語言、認知、道德、人格、情緒、社交等內容的發展，學校教師可以分析學生的需求，提出可以指導學生學習的內容，例如：學生可能受到環境影響有些不良的習慣，在道德和社交面向的內容上就可以思考為學習內容。

　　2. 人文（經驗習俗）是指學生生活中相關的習俗、文化和經驗，例如：學校附近有些廟宇或是教堂，居民經常有些活動；也可能來自於傳統文化習俗與慶典。上述內容可能會因為學校所處環境或學生的居住地區而有所不同，當學校教師認為學生應該理解，並且思考調整與改善的可行性，就可以設計為學習內容。

　　3. 自然（生物環境）是指學生生活經驗中所接觸的動植物以及他們的棲息環境，也可以是環境現象或問題。例如：學校附近有溼地，蘊含著豐富的生物資源；也可能因為大自然環境遭受破壞，導致人類或其他生物的生活遭遇困難。如同上一點，當學校教師認為學生應該理解，並且思考調整與改善的可行性，就可以設計為學習內容。

　　4. 社會（歷史地理）是指學生家族文化之流傳、學校地區的發展與特色以及這些歷史與地理交叉之後的各種生活現象。例如：藉由學生生活部落的發展和學校附近有許多景點，形成人們生活的樣貌。除了引導學生瞭解自己生活的歷史與地理之內容外，亦可以進一步發展為經濟作為（如下一點）。

5.經濟（職業維生）是指學生所處環境的職業類型，特別是他們的父母長輩賴以為生的工作內容。例如：學校位於農漁村，農漁產的生產、運輸與消費情形；也可以思考這些工作內容的發展與衰退，培養學生針對這些賴以為生的工作進一步發展的思維。

6.科技（工具傳播）是指學生可以學習數位科技、工具或傳播媒體，並進一步運用這些工具記錄現象、發現問題與解決問題。例如：學生可以運用數位相機與攝影機記錄家鄉的文化、生物與各種現象，也可以運用這些工具思考問題解決方案。

不過，學校教師也可以將上述各面向的學習內容再度整合成一個新的、具有統整性的內容，例如：學生利用數位相機記錄生物的棲息、學校可以培養學生透過語言表達導覽家鄉的文化（包含歷史與景點之介紹），或者是結合語言、科技與文化，進行模擬各族群文化的交流。

第三，橫向的學習內容可以從：1.理解（多元察覺）、2.探究（分析關聯）、3.改造（改善策略）。再詳細說明如下：

1.理解（多元察覺）是指學生對於學習內容進行深度的理解與學習，舉凡學習內容的分項、程序、步驟以及相關細節，都需要扎實的理解。多元深度之意在指學生能夠察覺多元化的細部內容，屬於理解與應用層次的課程目標，而學生實際的表現大都在於說明、闡述、解釋等外在行為表現。

2.探究（分析關聯）是指學生對於學習內容之現象或問題進行細部內容的分析，可能會有關鍵因素、因果、依賴、綜合、差異等之間的關聯。教師可以用「為什麼某個事件會如此？」作為啟發學生探究現象或問題的起點，而學生實際的表現大都在於報告、表達、呈現等外在行為表現。

3.改造（改善策略）是指學生對於學習內容之現象或問題進行分析之後提出解決問題的策略或改善的想法，除了涉及到上一點所提到的關聯因素外，得要發展或創新一些想法。教師可以用「我們該如

何改善這些現象？」作爲描述學生進行該任務的最終一句話，而學生
實際的表現大都在於建立、實作、設計等外在行爲表現。

本章小結

　　本章提及核心素養的教學設計前，需要分析教科書或單元內容內
的核心知識，包含概念、技巧和情意因子，並且連結兩個或兩個以上
的概念、技巧和情意因子成爲策略性知識，再根據核心素養的學習內
容與學習表現，發展學習目標與編擬情境任務或問題，此學習目標是
具備策略性知識，而任務或問題是可讓學生應用策略性知識的情境，
亦即核心素養的教學設計之學習歷程包含：(1) 核心知識的學習；(2)
連結許多核心知識形成策略性知識；(3) 再把策略性知識於情境或任
務問題中應用出來。而學習目標便包含上述的低層次（核心知識）、
中層次（策略性知識）、高層次（解決問題）等三層次。核心素養的
教學設計之最高層次是提供學生運用策略性知識面對問題與解決問題
的機會，學生若能在學習過程中不斷地將所學習的知識轉化爲策略、
方法或能力，也不斷地練習挑戰與解決問題，在現代與未來生活，當
遇到問題時便可以習慣與敏捷地運用策略解決問題，這即符合核心
素養的定義：一個人爲適應現在生活及面對未來挑戰，所應具備的知
識、能力與態度。

　　核心素養的教學設計不應限於某單一學科或領域，生活愈趨複
雜，許多問題難以用單一學科領域知識解決，需要統整不同領域知
識。學校應以學生生活經驗或重要主題（先不以學科領域知識思考）
發展跨領域課程的主題，再思考主題相關的次要知識，分別學習再統
整應用於主題任務中。

　　十二年國教課綱的理念不同於先前的九年一貫課程，不僅強調
能力，也需要在生活或擬眞的情境中統合各領域知識、能力和情意因
子，實際探討切身相關的議題。學校教師應有責任理解這些理念的內

涵，再透過領域知識的整合學習，型塑學生現代與未來生活所需要具備的素養。

教師讀書會可探討的問題

1. 核心素養的教學設計涉及哪三個層次？請以某一單元之教材內容設計三個層次的學習目標。
2. 跨領域課程設計的主題和次主題的關係為何？請以一個和學生生活相關的議題作為跨領域課程設計的主題，再提出次主題的知識（能力或情意因子），並提出得以讓學生運用所學習的知識（能力或情意因子）的統合性任務。

第二章

素養導向的評量與命題

　　當前許多教師參與過十二年國教課綱的研習活動，對總綱與領綱的核心素養並不陌生，但對於教學設計與評量設計卻缺乏自信。特別是在教學評量上，部分教師認為如果還是用傳統的思維設計評量題目，核心素養就不容易培養；另一部分國高中教師認為如果會考與學測題目不改變，核心素養導向的教學設計就不可能獲得教師和家長的支持。這是臺灣教育的現況，也是早期經常令人質疑教育改革不夠成功的原因。

　　許多專家學者已經知覺這個問題，因此開始思考改變會考與學測的題目之命題內容，一個簡單的方向是：從早期僅是測驗學生知識的理解與應用情形，轉變為學生藉由策略性知識去分析判斷與研擬解決情境問題。當學生學習以策略性知識針對書面的情境問題進行正確地回應，我們便可以期待他們在生活中或面對未來生活情境問題時，能夠以正確且合宜的策略性知識解決問題。不過，如此改變會產生兩個與傳統評量不同的現象：

　　1. 素養導向的題目趨向情境、狀況、事件和問題的解決。在題幹描述上會以當前或未來可能發生的事件之情境、狀況或問題為題目背景，要求學生在選項上選出或者在開放式問題的回應上寫出正確的策略。

　　2. 素養導向的題目之文字量會比傳統題目的文字量還要多。原因在於需要使用許多文字將情境、狀況、事件和問題描述清楚，也需要以較多文字描述選項中的策略性知識。這也是部分教師認為學生的閱讀理解能力會影響其答題的原因。

　　教學評量有多重目的，包含察覺學生的學習理解情形、診斷學生學習困難、瞭解學生的學習成效、提供學生學習與教師教學的回饋等，也發展出形成性評量、診斷性評量、總結性評量等機制。不過，本書不打算描述這些，請讀者自己查閱教學評量相關書籍。本章會根據上一章核心素養導向的教學設計之核心知識、策略性知識，以及情境任務的層次結構，發展出不同層次結構可以採用的評量方式，以及

在命題或編擬情境任務時可以參考的做法。

　　然而，在閱讀本章內容或參考本章內容進行評量設計之前，讀者一定要先閱讀與理解本書第一章的內容，評量需要對應教學設計才能夠發揮評量的功能，也才能解釋評量結果的意義。另外，本書僅針對核心素養導向的評量進行說明，不會提及評量相關的基礎論述，此部分請讀者自行查閱學習評量相關書籍。

第一節　核心知識的誘答與命題

　　核心知識具有屬性要素（事實、步驟、行為），以認知性的內容而言，要對一個核心概念完全理解，就需要確認學生在其屬性要素上是否完全掌握，而當學生完全掌握概念的屬性要素後，就可以解釋此概念的意義。因此，使用具有選項的題目，每個選項提及每一個屬性，測驗學生的掌握情形，相當可行，我稱這類題目為誘答題。不過，誘答題只是確認學生對核心知識的理解，至於核心知識的應用，得要加入較高層次的情境問題。

　　誘答題選項的設計也要好好思考，除了以屬性細節轉化為選項外，也可以思考學生「忽略哪一個細節就可能會有什麼答案」作為選項。例如下表 2.1：

表 2.1　誘答題的題目與選項設計之表

評量的概念或技能：根式的運算
題目：
題目   算式 $\sqrt{6} \times (\frac{1}{\sqrt{3}} - 1)$ 之值為何？ (A) $\sqrt{2} - \sqrt{6}$ (B) $\sqrt{2} - 1$ (C) $2 - \sqrt{6}$ (D) 1

選項	編寫此選項的理由
(A) $\sqrt{2}-\sqrt{6}$	正確答案
(B) $\sqrt{2}-1$	學生忽略括號，由左而右計算，$\sqrt{6}\times\dfrac{1}{\sqrt{3}}=\sqrt{2}$，之後直接變成$\sqrt{2}-1$
(C) $2-\sqrt{6}$	學生以為$\sqrt{6}\times\dfrac{1}{\sqrt{3}}=2$，根號相乘後根號不見了，就會選此答案
(D) 1	學生若以為$\sqrt{6}\times\dfrac{1}{\sqrt{3}}=2$，也忽略括號的意義，直接$2-1=1$

　　上述表 2.1的空白表格，請讀者參閱本書附錄二「素養導向的三層次的學習評量設計表」。

核心概念的誘答題

　　誘答題的命題通常以選擇題居多，也可以用是非題或配對題。而這些題目所對應的**學習目標**通常是「**學生能理解（概念）……**」、「**學生能描述（概念）……**」。

　　在命題時，在核心知識之誘答題目的題幹敘述上，不要太多的文字描述，僅列出某個概念或概念詞常出現的語句即可，而選項即是將某一或某些屬性細節刻意描述錯誤。例如：實例試題 1。

實例試題 1

關於鳥類動物的特徵，下列哪一個錯誤？
❶有翅膀❷有羽毛❸有雙足❹會飛。

　　在實例試題 1中「❶有翅膀❷有羽毛❸有雙足」的選項是正確的，而「❹會飛」是錯誤的。學生在答此題時，必須要檢索其學習過儲存在大腦裡對於「鳥類動物」的概念，再透過閱讀選項，外部訊息

與內部訊息相互對照比較，若兩者訊息存有差異，便可以選出答案。若學生大腦裡的概念之屬性細節未充分具備，就難以和外部訊息比較，也就是無法辨認選項的正確與否，就可能答錯或以猜題的方式答題。

第二種題目是選項不直接指出概念的屬性細節，而是讓學生閱讀選項後去檢索相關細節，再與題目描述的概念之屬性細節相互比較。例如：實例試題 2，學生必須要知道高山的定義（細節），也需要知道選項上的山之高度，才能夠選出正確答案。

實例試題 2

> 下列哪一座山被稱為「高山」？
> ❶雪山❷八卦山❸陽明山❹觀音山。

另一種命題形式可以運用配對題，例如：實例試題 3。

實例試題 3

卵生	◆	◆ 發育所需的氣體交換和水分的保持，仍然賴母體供應。
	◆	◆ 母體會分泌乳汁哺育幼兒。
胎生	◆	◆ 藉卵本身的卵黃質發育成幼體，直到胚胎發育完全才生出來。
	◆	◆ 在母體的子宮內發育為胎兒產出母體。
卵胎生	◆	◆ 新個體從母體排放出來後，以卵內的蛋白質提供營養。

上述實例試題 3 這種題目適合多種類似也容易混淆的概念，若學生完全答對，則學生便可以充分掌握這些概念的差異點。更重要的是，這種誘答題目也可以測驗出學生的迷思概念。

核心概念的應用題

　　核心概念的應用題所對應的**學習目標通常是「學生能應用（概念）……」、「學生能使用（概念）在……」**。當學生對於核心概念能用在適當的語句、情境或狀況中，便可以確認學生對此概念的理解成效，也可以知道學生藉此概念作為後續較高層次知識的先備知識，針對愈來愈深的教材進行學習。

　　在命題上，教師在題幹上的描述就需要寫出某個概念可以拿來解釋的什麼情境的文字段落，而在選項設計上，每個選項即是該「概念屬性細節的應用」。

　　例如：下一題（實例試題 4）是國中會考 107 年度社會科的題目，核心概念為「等壓線」，從題目的選項來看，從等壓線是無法判斷氣溫，卻可以瞭解每一條線的氣壓值，藉由高氣壓與較低氣壓的分布而判斷風向，因此答案是 A。

實例試題 4

題目	圖（二）是某日東亞的地面天氣簡圖，數字代表該等壓線的氣壓值，單位為百帕。圖中以黑點標示的甲地，其海拔高度約為 0m。下列是甲地已知的天氣現象敘述，何者無法從此天氣簡圖中得知？ 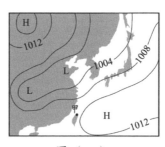 圖（二）
	(A) 氣溫為 35℃ (B) 風向大致為南風 (C) 氣壓值高於 1008 百帕 (D) 天氣主要受高氣壓影響

　　核心概念的應用題之另一種命題形式也可以運用配對題，這種配對題的選項是概念屬性或細節的應用情形，學生藉那些應用情形與題目相互對照，例如：實例試題 5。右下角有一些詞句，各屬於哪一種修辭學技巧，請配對連結。

實例試題 5

倒反法　◆	◆壞人夾著尾巴跑走了。	
	◆去賭啊！輸光了才好！	
轉化法　◆	◆你真大方，連一碗飯都不給。	
	◆北風是個流浪漢，在冬夜裡哭叫著。	

　　上述實例試題 5 這種題目也適合多種類似也容易混淆的概念，若學生完全答對，則學生不僅充分掌握這些概念的差異點，在概念應用上也較能精準地使用。

　　另外，核心知識的應用還包含了程序性知識，這種知識在數學領域的評量上相當多，通常是一個概念應用於一個數學題目的計算解題（非複雜問題），例如：下列實例試題 6（取自 108 年國中會考數學科）即是評量學生對於根號的理解情形，學生在答題時就需要應用根號的概念去解出 a 值，再解出 b 值，兩者再相加。

實例試題 6

若 $\sqrt{44}=2\sqrt{a}$，$\sqrt{54}=3\sqrt{b}$，則 $a+b$ 之值為何？
(A) 13
(B) 17
(C) 24
(D) 40

核心技能的評量

核心技能的評量所對應的**學習目標**通常是「學生知道如何操作（技能）……」、「學生能操作（技能）……」、「學生能表現（技能）……」。在教材單元內，核心技能的評量是一種初級的表現評量，亦即透過實際操作行為表現呈現核心技能，在評量時包含「是否完成技能性任務」以及「操作過程行為的品質」。然而，核心技能的評量可以先從程序性知識開始，之後再評量實際的操作表現行為。

本書在第一章第一節的「重要的技能（也是核心知識）的步驟與指導」中提及「低層次的程序性知識」，亦即學生知道某項技能操作順序的知識（例如：知道如何操作 CPR），在技能的評量上，教師可以先檢核這類型的程序性知識。不過，即使學生知道程序性知識，還得要透過實際操作的行為表現確認學生是否具備核心技能。

先測量程序性知識，在測量學生實際行為表現的好處是：當昂貴儀器或具有危險性的操作過程時，可以先確認學生是否知道操作程序，減少儀器損害的可能性或降低操作危險性。

在程序性知識的檢核上，可以運用多重選擇題，選項即是某項技能的步驟順序，一個選項內的順序是正確的，其他選項是錯誤的。在「科技校院四年制與專科學校二年制統一入學測驗」中就會經常出現這類型的題目，以動力機械群之專業科目（一）：應用力學、引擎原理及實習的測驗試卷之 31 題（實例試題 7）為例：

實例試題 7

---

31. 若拆卸汽油噴射引擎之汽油濾清器有以下 a 至 e 步驟，下列何者為正確的更換程序？a：放鬆汽油濾清器進、出油管固定夾，並拉開進、出油管 b：發動引擎，直至引擎熄火，再次起動馬達引擎應不能發動 c：放置抹布於油管接頭下方 d：拆下汽油泵保險絲 e：拆下汽油濾清器

    (A) d→b→c→a→e   (B) d→b→a→c→e

    (C) c→a→d→b→e   (D) b→d→c→a→e

在實際操作表現的評量上，教師可以提及此核心技能的運用時機與目的，也提供符合此技能應用的相關設備與資源，如此是期望學生建立核心技能應用的心智知覺，像是指導學生核心知識的應用題一樣（這還不需要加入情境事件或複雜問題的狀況描述，那些是策略性知識的評量範圍）。因此，以十二年國教課綱核心素養的技能表現評量而言，在命題上需要有情境敘述，例如：實例試題 8。

實例試題 8

> 適當的命題：現在你要使用複式顯微鏡觀察水中的微小生物
> （要實際提供），要如何操作？請實作。
> 不好的命題：請操作複式顯微鏡。

在操作行為表現的評量上，教師可以發展觀察記錄表或單向度的評分標準表（多向度的評分標準表適用於複雜任務，如本章第二節之說明）。如同先前所述，評量表現包含「是否完成技能性任務」以及「操作過程行為的品質」。「是否完成技能性任務」涉及完成的歷程與否，全部完成和部分完成各有不同的意義；而「操作過程行為的品質」涉及細部表現的品質，謹慎細微地操作和馬虎地操作也有不同的意義；另外，有些技能會要求在某個時間內或以某種速度完成，教師也可以考慮。因此，教師可以運用這三個因素發展觀察記錄表，本書舉例表 2.2 如下，教師可以自己再修改與調整。

表 2.2 操作行為表現之評分標準表

觀察檢核項目					
題目：現在你要使用複式顯微鏡觀察水中的微小生物，要如何操作？請實作。					
檢核項目	不適用	非常不好	中等	非常好	補充說明
完成歷程	☐	☐	☐	☐	
細部表現	☐	☐	☐	☐	
時間速度	☐	☐	☐	☐	

核心情意的評量

　　本書在第一章提及情意因子的評量需要設想情境因子的行為表現，教師再觀察學生是否具有那些行為，在這些行為的評量中也可以加入強度和反例行為，增加評量的效度。簡單來說，情意因子的評量包含行為、正反例與強度。

　　教師可以發展觀察檢核表（可由觀課教師協助觀察），將情意因子轉化為具體行為，再加入反向和強度，反向題目計分時也要記得反向調整。再舉先前的例子「學生是否**主動積極參與**小組學習」，其觀察記錄表發展如表 2.3。

表 2.3 情意表現之觀察記錄表

觀察檢核項目（僅列出三項參考，教師可多發展項目）	沒有顯現	部分做到	完全做到
1. 無需經過他人提醒而自己提出看法			
2. 無需經過他人要求便能自己進行小組分工的任務			
3. 不願意將自己的觀點分享給他人（反向行為）			

　　而多數情意因子難以單獨評量，例如第一章提出的例子：教師要察覺學生是否**主動積極參與**小組學習，「主動積極參與」要搭配某個學科知識的學習，該學科知識可能會有認知上核心概念的評量，也可能有技能的步驟要檢核，而「主動積極參與」是在教師安排一個小組學習的情境，觀察學生在此情境中的行為是否符合預先設定的情意行為表現。因此，這類型情意因子的評量通常適用在複雜任務中的某一個向度、或者與概念或技能融合成為一個向度，再發展評分標準表（複雜任務的評分標準表請查閱本章第三節）。例如：「能有自信地表達對鄉土文化的特色」是一個學習目標，可以發展成「認知（鄉土文化的特色）」與「情意（自信地表達）」兩個向度的評分標準，也可以僅使用一個評分向度。

　　另外，有些情意因子的評量採用自我檢核表，通常適用於難以觀察的情境，包含長時間形成的習慣、價值、理解、喜好、興趣等。教師發展這類自我檢核表的題項時，通常使用第一人稱「我」作為題項描述的主詞。例如：我喜歡閱讀、我樂於分享。這部分的題目亦可以加入強度（完全同意、有些同意、有些不同意、完全不同意）以及反向題目。

第二節　策略性知識的評量與命題

　　本書第一章提及策略性知識是指概念（或技能）與概念（或技能）之間的關係，可能有關聯、因果、相對、依賴、發展、轉換、組成、產出等關係，形成關係之後便形成通則、方法、策略、定律、定理或是能力等策略性知識，在評量與命題上，就需要以這些關係進行思考。上一節提及概念、技能與情意因子等核心知識，命題方式相當多元，也包含觀察與表現評量；但本節提及的策略性知識是檢測學生是否能夠把相關聯的核心知識建立關聯以形成解決問題的策略（但仍非型塑核心素養的策略性知識應用之題目）。因此，在評量命題形式

上通常包含封閉型選擇題以及開放型的問答題，選擇題亦可發展成是非題、配對題，而問答題則可以轉化爲討論題目，在上課時使用。

用選擇題檢測學生的策略性知識

　　策略性知識泛指概念（或技能）與概念（或技能）之間的關係，以選擇題命題時，題幹可能指出一個概念，選項也可能指出另一個概念，而題目的本意即是期望學生能將題幹與選項的概念相互連接思考。教師在編擬選項時，也需要像先前表 2.1 的選項設計一樣，把學生可能未考慮某個條件因素即會產生的結果列爲選項之一，參考表格可參閱附錄一。

　　本章配合第一章提及的策略性知識之關係組合類型，舉例說明如下。不過，這八類的組合關係不一定明顯區分，有些組合關係可能會有意義重疊，但是教師也不需要特別區分哪一種組合關係，只要能建立概念與概念的組合關係，都是能促進學生建立策略性知識的好題目。

　　1. 關聯關係（分析）：什麼要素是這些事件的關鍵或關聯要
　　　 素？

　　這種命題的題幹是一種情境、狀況、事件或問題的敘述，通常會要求學生在選項中選擇與前者情境、狀況、事件或問題的關聯因素（非因果因素，因果因素請參閱下一個類型命題）。例如：以下列實例試題 9 的題目爲例，臺灣的交通運輸普及，要最快速度到達目的地，此題主要在測驗學生時間與速度的關係，速度愈快，所花的時間愈少，速度愈慢，花的時間就長。學生答題時需要判斷選項內的交通工具之速度，也不可以被無關的字句誘答。這種關聯性的題目，是以一個事件爲題幹，關聯因素爲選項。

實例試題 9

> 臺灣的交通運輸愈來愈普及，有許多交通工具可以提供民眾選擇，也都各有優劣勢。如果要從高雄到臺北，又要很快到達目的地，要如何選擇？
>
> ❶選擇速度快的高鐵❷選擇可以停靠許多地點的火車❸自己開車最便利，想休息就休息❹搭乘公路客運，欣賞沿路風景。

會考題目會多加情境描述，為了描述清楚，有些題目的情境說明文字量會很多，題幹也會比較長。若以下列的 107 年國中會考之其一題目（實例試題 10）為例，情境說明中是關於「代用咖啡」的故事，前三句是指出代用咖啡的功能，第四句到第七句是提到誠信問題，第八句到最後則是提到其他的疑問與正向的意義。題幹即是詢問學生關於代用咖啡的關聯因素，亦即文章中與代用咖啡這件事情有關的細節。

實例試題 10

> Josh: Do you know about "pay it forward coffee" at Flora Café?
> Eric: You mean you pay for a cup of coffee for someone poor to have it later?
> Josh: Yeah. A cup of coffee is not much, but on cold winter days like today, it might warm them up a little. And maybe their hearts too.
> Eric: But will Flora Café really give this cup of coffee to someone later?
> Josh: Come on. I've known the shopkeeper well. He's an honest man. He's got a blackboard in the shop that says how many cups are paid for and how many have been given out.
> Eric: But how will they know who to give? Anyone can ask for it, even if they're not poor.
> Josh: True, but then I guess they'll just have to believe in people.
> Eric: Perhaps. But will poor people go and ask for a free coffee? Won't they worry about losing face?
> Josh: Why do you always say things like that?
> Eric: Well, it may happen.
> Josh: Yeah, I know, but I still think it's a good thing to do, and it gets people to care about others.

	第 33 題
題目	What can we learn about Josh and Eric? (A) Josh was not able to change Eric's mind about free coffee. (B) Eric has more hope for the free coffee plan than Josh does. (C) They found a way to make people feel OK to take free coffee. (D) They do not know whether Flora Café will do business honestly.

2. 因果關係（分析）：是什麼事件影響這件事情？

　　這種命題的題幹若是因，選項即是果，也可以題幹是果，選項是因，但因果關係的題目不是應用策略性知識的題型。跟上一類型題目不同的是，這類因果關係的因果性很強，確實是「原因」產生「結果」。以下列實例試題 11 的題目為例，題幹敘述北韓經常是糧產不足和常有饑荒，而選項即是要求學生選出造成糧食不足的原因。這類型的選項也需要有誘答力，也就是四個選項都是北韓的特色，都與題幹有關聯，但只有一項特色才是原因。

實例試題 11

北韓在 1990 到 2008 年期間位居第二位「全球飢餓指數」惡化的國家。除了政治制度的影響外，下列哪一個選項是造成北韓糧產不足，常有饑荒的自然因素？
❶山地高原多❷生長季短、平原少❸煤、鐵礦資源豐富❹火山活動與地震頻繁。

　　若再以下列的 108 年國中會考社會科之第 2 題（實例試題 12）為例，題幹描述是「果」，而選項是「因」，亦即審慎評估「農村引進農業外勞」的政策之可行性是因為臺灣農村的某種特徵。

實例試題 12

> 2.近年來我國政府審慎評估「農村引進農業外勞」的可行性，
> 研擬該政策最主要是為了因應下列哪一項臺灣農業特色？
> (A) 農作種類多樣　　　　(B) 農業耕地狹小
> (C) 農村人力老化　　　　(D) 農產品商品化

3. 相對關係（分析）：比較這個和那個有什麼異同？

這種類型的題目就是比較兩個概念之間的差異，通常題幹會描述兩個概念，要求學生在選項上選出相同點或相異點，以下列實例試題13的題目爲例。

實例試題 13

> 歐盟和聯合國的共同點不包括哪一項？
> ❶會員國都是政府組織❷設立的目的都是為了避免戰爭❸兩者都以合作取代競爭的方式解決問題❹美國均是會員國。

不過，會考的題目就會比較複雜。例如：下一題（實例試題14）（取自107年國中會考數學科）的題幹敘述甲和乙兩人的數學做法，要求學生比較誰的是正確、誰的是錯誤。這種題目跟核心知識的誘答題不同，部分核心知識的誘答題可能出現三個或四個不同的概念，每一個選項再提出每個概念的細節，這只是一題變成四題的樣子，沒有相互比較。這邊所提出來的類型具有概念間的比較之作用。

實例試題 14

	第 18 題
題目	如圖（八），銳角三角形 ABC 中，$\overline{BC} > \overline{AB} > \overline{AC}$，甲、乙兩人想找一點 P，使得 ∠BPC 與 ∠A 互補，其作法分別如下： 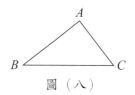 圖（八） （甲）以 A 為圓心，$\overline{AC}$ 長為半徑畫弧交 $\overline{AB}$ 於 P 點，則 P 即為所求 （乙）作過 B 點且與 $\overline{AB}$ 垂直的直線 L，作過 C 點且與 $\overline{AC}$ 垂直的直線，交 L 於 P 點，則 P 即為所求 對於甲、乙兩人的作法，下列敘述何者正確？ (A) 兩人皆正確 (B) 兩人皆錯誤 (C) 甲正確，乙錯誤 (D) 甲錯誤，乙正確

4. 依賴關係（分析）：如果這個內容改變了，那個結果會變成如何？

　　這種類型的題目之題幹會描述一個事件、狀況或情境，內含兩個（以上）概念，而選項上會有四種狀況，分別描述兩個概念之間的消長。學生若不知道兩者的連結關係，就無法選出正確答案。以下列實例試題 15 的題目為例，題幹提及乾香菇的保存是依賴什麼因素，選項即是香菇保存的另一個連結概念：水分。

實例試題 15

> 商家利用曬乾和風乾香菇的方式抑制細菌、黴菌生長，可延長
> 保存期限，這是因為細菌和黴菌的生存需要什麼？
> ❶陽光 ❷水分 ❸空氣 ❹風。

　　如同前述，會考的題目就會比較複雜。例如：下一題（實例試題
16）（取自 107 年國中會考自然科）的題幹敘述某個酵素和澱粉溶液
混合均勻，因時間因素，濃度降低，此題涉及「酵素甲」和「澱粉」
混合後因「時間」改變「濃度」等多重概念，要求學生從「時間長、
濃度變低」的關鍵句回推「酵素甲為何物」、「酵素甲和澱粉的反
應」等四個選項的可能性，再選出正確答案。此題屬於多重概念之依
賴關係題型。

實例試題 16

第 18 題

題目	將酵素甲和澱粉溶液在試管中混合均勻，並定時測量試管內的澱粉濃度。已知試管內澱粉濃度會隨著時間而改變，如圖（十）所示，下列關於甲的敘述，何者正確？ (A) 甲主要由葡萄糖組成 (B) 甲與澱粉反應後，會被分解成胺基酸 (C) 若降低甲的活性，會使澱粉的合成速率變快 (D) 若提高甲的活性，會使澱粉的分解速率變快	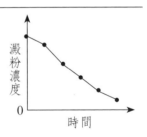

5. 綜合關係（評鑑）：綜合這些事件最後會變得如何？

　　這種類型的題目之題幹會描述許多概念的細部資訊，而選項會有四種綜合這些概念的關係所產生的狀況或特徵，學生從題幹的概念中推論哪一個選項是正確、合宜或可行。例如：下一題（實例試題17）（取自108年國中會考自然科）之題幹描述層狀和傾斜的岩層、生物化石、珊瑚化石等資訊，選項則提出綜合這些資訊之後的四種可能狀況，學生從中選取一項較為合宜的答案。這種題目的選項判斷完全來自於題幹的描述，教師可以指導學生不要過度推論，有些過度推論來自於自己的主觀經驗。

實例試題 17

> 小文到地質公園出遊，他在園區內看見一露出地表的岩層，此岩層具有層狀構造且整體呈現傾斜狀態。岩層內除了可發現許多海洋生物碎屑化石外，也可發現完整的珊瑚化石，下列關於此岩層的推論何者最合理？
> (A) 由岩漿冷卻凝固後所形成
> (B) 岩層形成後才受力而傾斜
> (C) 當時形成的環境屬於陸地環境
> (D) 因風化侵蝕作用而呈現傾斜狀態

6. 轉換關係（評鑑）：這些事物可以轉換成什麼事物？

　　這種類型的題目類似上述的綜合關係類型的題目，不過，綜合關係類型的題目是從一些細節綜合推論成某一個事件或狀況，而轉換關係的題型，則是簡化長篇文字的敘述，有簡要取代之意。

　　這種類型的題目之題幹通常會描述一段故事或文章，選項則是主旨、涵義或摘要。學生不容易選出正確答案，原因在於學生需要留意故事或文章中的關鍵字句，再相互對照比較或連結，再從選項中判斷

哪一個選項比較接近那些連結關係。例如：下一題（實例試題 18）
（取自 107 年國中會考國文科）之題幹有關「情緒感受」的文章，並
舉出兩種「吃」的情形（注意吃、邊吃邊做其他活動）和「快樂」的
關係，學生需要判斷文意。此題相當有誘答力，若對題幹之關鍵語詞
不甚瞭解，就很容易以文章中相關的詞語（情緒、快樂）做出錯誤的
選擇。因此，指導學生這類型題目時，需要說明文意的重要性，而非
表面上的詞彙。

實例試題 18

第 14 題	
題目	「我們的情緒狀態有很大一部分是取決於我們在注意什麼，一般是聚焦於目前在做的事情上。例如想從吃得到快樂，必須注意到自己正在吃。否則，花同樣時間在吃東西，但是把吃和別的活動綜合在一起，吃的快樂就被稀釋了。」下列何者與這段文字的涵義最接近？ (A) 人的好惡常因外在事物改變 (B) 專注於情緒的控制就能得到快樂 (C) 主觀感受與關注的事情密切相關 (D) 追求物質享受無法得到真正的快樂

7. 組成關係（創造）：這些事物和那些事物可以組成什麼樣的
   新事物？

這種類型的題目也類似上述的綜合關係類型的題目。如先前所
提，綜合關係類型的題目是從一些細節綜合推論成某一個事件或狀
況，而組成關係的題型不是推論，而是細節組成為一個大概念，亦即
具有從屬概念關係。如果組成關係是由事實組成概念，那只是核心知
識而非策略性知識，組成關係的策略性知識具有許多小概念組成大概
念的意義。

　　例如：下一題（實例試題 19）（取自 107 年國中會考社會科）之選項有四個大概念，包含「資訊倫理」、「分權制衡」、「政治參與」、「媒體教育」，而題幹則是透過一段文章描述一些小概念，例如：「開放資料」、「更多資訊取得」、「監督政府」等，學生需要從這些小概念連結思考，再對照選項的大概念，選出正確答案。一般教師指導學生這類型題目時，會鼓勵學生在閱讀題幹時，將關鍵小概念圈起來，再相互對照與整合思考。

實例試題 19

	第 29 題
題目	近年來，「開放政府資料」的議題逐漸受到重視，公部門所開放資料的項目、瀏覽人數，及資料被下載次數也屢創新高，民眾可透過取得政府資訊，監督政府施政。未來，政府也研擬在不涉及機密的情況下，公開更多的資訊。上述政府的作法，有助於落實下列何種目標？ (A) 提升人民的資訊倫理素養 (B) 強化分權制衡的監督機制 (C) 提供政治參與的多元管道 (D) 增進媒體教育文化的功能

8. 產出關係（創造）：這些事物在融入與融合後會產出什麼？

　　這種類型的題目是指許多概念連結後產出一個嶄新的事物，也由於是嶄新的事物，概念與概念的連結關係就沒有一致性，可能也會出現上述各種不同類型的連結關係。這類型的題目強調學生開放性的思考，任何相關的訊息都可能產出，而四個選項就是命題者提列四個產出的訊息供學生選擇。

　　以下實例試題 20（取自 107 年國中會考國文科）之題目是《陶淵明集序》的一篇文章，表面看起來是想要測驗學生的閱讀理解，理

論上學生閱讀完畢後，各自有不同觀點產生。如果提問學生，多個學生可能也有不同面向的回應。命題者就是以這種邏輯思維提出四個選項，要求學生選答。

實例試題 20

> 請閱讀以下短文，並回答 47～48 題：
>
> > 有疑陶淵明詩篇篇有酒，吾觀其意不在酒，亦寄酒為跡者也。其文單不群，辭采精拔，跌宕昭彰，獨超眾類，抑揚爽朗，莫之與京。橫素波而傍流，干青雲而直上。語時事則指而可想，論懷抱則曠而且真。加以貞志不休，安道苦節，不以躬耕為恥，不以無財為病。自非大賢篤志，孰能如此乎？余愛嗜其文，不能釋手，尚想其德，恨不同時。
> >
> > —— 改寫自蕭統〈陶淵明集序〉
>
> 48. 根據本文，<u>無法</u>得知下列何者？
>   (A) 陶淵明詩多以酒為寫作題材
>   (B) 陶淵明詩文在當時獨樹一格
>   (C) 作者對陶淵明極為欣賞崇敬
>   (D) 後世文壇深受陶淵明的影響

用選擇題檢測學生的策略性知識之應用

　　先前的八種關係是檢測學生概念（或技能）與概念（或技能）之連結的策略性知識（通則、定律、定理、公式等），而若要型塑學生核心素養而進行策略性知識的應用或檢測學生在事件問題中實際解決的結果，則需要設計情境任務，不過，由於時間和場域限制，評量人力亦有限，學校教師不可能每個單元內容均以實際事件問題型塑核心素養。本章先前所提，當學生學習以策略性知識針對書面的情境問題進行正確地回應，我們便可以期待他們在生活中或面對未來生活情境問題時，能夠以正確且合宜的策略性知識解決問題。因此，有些比較簡單的策略性知識的應用，可以運用選擇題的命題檢測。

　　此種題目之題幹通常描述事件、狀況或問題，而選項即是可能的解決策略。再舉出兩個題目進行說明。

　　實例試題 21 的題目中，地球能源耗竭有許多關聯因素，也有許多做法可以減緩地球能源的耗竭，教師可以把這些做法轉化爲選項。簡單來說，是以一個事件爲題幹，而選項提出許多解決策略提供學生判斷。學生在填答此題目時，就需要先理解題幹問題的關鍵所在「能源耗竭」，再從選項中判斷哪一種做法「是」或「不是」解決「能源耗竭」的策略之一。

實例試題 21

> 下面哪一項政策對於減緩地球能源的耗竭沒有幫助？
> ❶電力公司舉辦節電競賽，讓節約用電的用戶之電費可以獲得折扣❷降低交通尖峰時刻的車票價錢，鼓勵人民多以大眾運輸工具取代個人交通工具❸路燈電力系統改由太陽能發電為主，傳統電力為輔助❹研擬登上火星計畫。

　　實例試題 22（取自 107 年國中會考社會科）的情境描述指出醫療資源浪費的問題，而題幹則以需求法則爲基礎，詢問哪一個選項會減少（影響）醫療資源浪費的情形。亦即題幹指出醫療資源浪費的問題，要求學生在四個選項中選出一個合宜的解決策略。

實例試題 22

> 　　許多民眾普遍認為大醫院的醫療品質較好，常常只因小感冒就到大醫院門診掛號就醫，導致許多大醫院出現看診壅塞的情形，讓已明顯不足的醫護人力更加吃緊，也造成醫療資源浪費的問題。
> 　　因此，政府為改變民眾不論症狀輕重，都愛去大醫院看病的情形，藉由透過醫療院所分級與推廣動各項相關因應政策，鼓勵民眾養成小感冒先到住家附近小型診所就醫的習慣，讓大醫院的醫療資源能做更有效的運用。

第 60 題	
題目	若老題上課時討論上述現象，並要同學運用需求法則，針對文中第一段陳述的問題提出因應對策，下列何者最適當？ (A) 限制各大醫院每日看診人數 (B) 補助小型診所購買醫療設備 (C) 提高各大醫院門診掛號費用 (D) 增加醫護待遇補足醫療人力

此節點所指出的題目類型會受到選擇題選項的限制，因此，教師必須提醒學生，選項之解決策略只是所有解決策略之一。換句話說，用此類型檢測學生應用策略性知識於事件問題中以型塑學生核心素養，僅是一種快速、便利且可多人同時的方法而已。不過，反過來說，若有部分家長或教師認為「會考或學測題目不改，學校教師的教學方法仍是傳統講述方法」，這句話已經失準。本節的題目已經指出，會考題目中已經有為型塑素養的策略性知識與策略性知識的應用題目，換句話說，學校教師還得努力思考改變課堂中的教學與評量題目。

用問答題促進學生思考與討論策略性知識

當教師讀者們熟讀先前「用選擇題檢測學生的策略性知識」以及「用選擇題檢測學生的策略性知識之應用」之後，在問答題的編擬上就容易許多，原因是選擇題的題幹描述都可以成為問答題。問答題是要求學生寫出一點或多點解決策略或任務細節，而且會比選擇題在選項上選其一完整許多。

在問答題的命題上，教師可以先思考解決策略，亦即期待學生能寫出哪些解決策略或任務細節，再由此策略或任務細節回推到可以設計什麼樣的題目。

　　然而，部分學生看了題目要一下子寫出多個策略性知識可能有困難，教師可以將問答題之語句略做調整，先轉變成討論題目，亦即透過同儕之間的對話，相互刺激思考之後，再要求學生寫下或講出策略性知識的語句。

　　然而，討論題目的指導要注意不能流於學生之間的抄襲，教師也需要留意那些不想思考、放棄思考的學生。此部分內容請參閱本書第三章的同儕討論教學策略之內容。

第三節　情境任務的設計與評量

　　情境任務的評量傾向於真實評量（authentic assessment），檢測學生能否將知識有效地應用到真實生活情境，教師從中評量學生使用知識的能力去表現一個實際生活中會發生的任務或問題解決。這種評量的特徵包含：(1) 任務是複雜的，非口頭上的一句話或實際操作一個動作即可解決，教師需要確認評量的具體知識、能力和態度（整體而言，即是策略性知識的應用）；(2) 學生在任務中表現，也需要對任務進行判斷，也可能會有創新作為；(3) 最後會有一套產出，可能是一套過程表現，也可能是藉由完成任務而產出一個方案，亦可能是一件結果性的產品。

　　但是，型塑核心素養的情境任務評量無法完全符合真實評量的要求，亦即教師不可能將所有學生學習過的策略性知識完全以真實情境的方式進行評量，多數只能透過擬真情境的方式進行。舉例而言，當教師指導學生錢幣的辨識或是兩位數的加減法，並需要應用與解題時，便可以將教室改成模擬的便利超商，再提出一個任務讓學生實際將所學的加減法應用於生活情境中。再舉一例，當教師將臺灣的交通運輸之單元內容教導完畢後，讓學生將所學習的交通工具及其效益與影響，配合「規劃」相關的學習表現，提出自助旅行的規劃任務。學生在這些模擬情境中學習而獲得處理問題的策略與經驗後，我們便可

推論或期待學生在現實生活與未來生活中遇到類似的挑戰即可以面對與解決。

然而，這個模擬的便利超商非眞實情境，規劃的自助旅遊也不需要眞實去執行，這樣的好處是教師藉由可以控制的情境檢測學生的知識應用能力，缺點是學生是否能眞實轉化到實際生活情境還有待商榷，因爲未來情境可能與學習過程中的情境略有一些差異，學生未來需要自我轉化。

💡 情境任務評量的時機

課綱總綱內提及在領域課程中可以規劃跨科統整型、探究型或實作型之學習內容，學生可以整合所學運用於眞實情境中，以型塑核心素養。而要評量這些學習內容就需要設計情境任務，簡單來說，情境任務是爲了型塑學生的核心素養而設計的，因此，多數統合任務的評量時機是在核心素養導向教學設計的總結性評量。本書提出兩個方向供教師思考：

1. 由上而下：教師爲了檢測學生在年段或年級學習之後的核心素養之型塑情形，可以參考各領域綱要的核心素養，每個領域都是三面向九項目，這個項目的核心素養的描述中，內含許多高層次能力的語詞，例如：探索、規劃、體驗等，再轉化爲較爲具體的學習目標；或者是參考各領域綱要內之各年級各年段的學習表現與學習內容，學習表現的敘述上亦有高層次能力表現的語詞，教師可以設計以表現這些高層次能力爲主的情境任務。這種方向的思考適合運用在校訂課程，也可以在跨領域課程設計中發展。

2. 由下而上：教師爲了檢測學生在某個單元或某些統整學習內容學習後的核心素養之型塑情形，教師以教科書單元內容爲起點，分析概念、技能與情意因子等核心知識，再連結相關的核心知識形成策略性知識後，參考與對照各領域綱要內之各年級各年段的學習表現與學習內容後，發展中高層次的學習目標，再以此學習目標設計表現任

務。不過，教師可能會覺得有兩、三個學習表現的敘述都適合，這時再考慮自己學生的能力，以貼近學生能力為優先，再逐漸培養更高層次的能力。這種方向的思考則適合運用在單元教材內容的評量中。

　　需要注意的是，若採用上述第一種方向進行評量任務的設計，教師需要先指導與檢測學習內容的核心知識是否理解，也可能需要瞭解完成任務所需要的策略性知識是否具備。一般教師採用第二種方向進行核心素養之情境任務的評量設計比較容易，不過，並非每個單元或每個策略性知識都需要設計情境任務，教師需要發想策略性知識與學生生活經驗的關聯，也要考慮時間、學生先備知識與能力、設備資源等條件。

　　此外，教師也可以在共同備課時討論情境任務評量的合適性，例如：學生需要透過實踐體驗才能深度理解或型塑的能力，會比只是透過討論便可促進思考的內容更為適合；需要溝通表達以及心理動作技能表現的學習內容，會比文學或歷史典故的內容更需要採用情境任務的評量；而複雜任務和多重做法，會比具有固定答案和單一模式的學習內容更為適合。

情境任務評量的內容

　　在十二年國教課綱之各領域綱要中都提及學習重點，學習重點是由理念、目標與特性發展而來，其展現課程綱要的具體內涵，能呼應核心素養，並與核心素養進行雙向檢核。學習重點由「學習表現」與「學習內容」兩個向度所組成，用以引導課程設計、教材發展、教科用書審查及學習評量等。簡單來說，學習重點是學生應該在什麼樣的學習內容表現到什麼樣的程度，而轉化為情境任務評量的內容即是「學生應用哪些策略性知識（什麼樣的學習內容）去分析、判斷與解決問題（表現到什麼樣的程度）」。然而，形成策略性知識的概念、技能和情意因子等核心知識也需要進行評量，而且要先於情境任務評量前。

　　以下列數學領域領綱中的其一學習重點為例，如表 2.4。

表 2.4　數學領域學習重點（數 -E-A2）之實例

| 數學領域學習重點 | | 數學領域核心素養 |
學習表現	學習內容	
n-1-3　應用加法和減法的計算或估算於日常應用解題。	N-2-5　解題：１０ ０元、500 元、1000 元。以操作活動為主兼及計算。容許多元策略，協助建立數感。包含已學習之更小幣值。	數 -E-A2　具備基本的算術操作能力、並能指認基本的形體與相對關係，在日常生活情境中，用數學表述與解決問題。

　　學習內容主要是「解題技巧」，這是屬於技能上的學習內容，而學習表現是「在日常應用解題中表現出計算與估算」，這是表現於外的行為，學習重點即在於表示「學生可以將所學會的解題技巧（學習內容）應用於日常應用的解題（學習表現）上」。不過，教師要評量學生具備這個學習重點所提及的整體內容，就必須要發展情境任務或問題，學生再透過分析與判斷應用何種解題技巧或採用什麼樣的方法（策略性知識）去完成任務或解決問題。如果學生合宜地完成情境任務或解決問題了，那我們可以初步推論學生已經具備該核心素養所提的「在日常生活情境中，用數學表述與解決問題」了。如同先前所述，核心知識要先於情境任務評量前，因此，對於基礎解題技巧要先指導與評量，確認學生具備核心知能，才進行情境任務的評量。

　　再以國中國文領域為例，如表 2.5。

表 2.5　國文領域學習重點（國 -J-A3）之實例

語文領域—國語文學習重點		語文領域—國語文核心素養
學習表現	學習內容	
6-IV-6 運用資訊科技編輯作品，發表個人見解、分享寫作樂趣。	Be-IV-3 在學習應用方面，以簡報、讀書報告、演講稿、劇本等格式與寫作方法為主。	國 -J-A3 運用國語文能力吸收新知，並訂定計畫、自主學習，發揮創新精神，增進個人的應變能力。

　　此為國文領綱 A3 項目的核心素養與學習重點，教師可以檢視學習內容中的文字，搭配教科書單元內容，再檢視學習表現與考量學生能力後，發展策略性知識，例如：「學生可以將閱讀心得撰寫成讀書報告（學習內容），運用簡報圖文進行發表與分享（學習表現）。」當學生可以上臺進行有意義的報告與分享時，我們可以說學生已經逐漸在型塑此核心素養。

　　不過，教師雖然可以依據學習評量需求自行設計學習評量工具，但這情境任務的評量除了考慮核心素養內涵以及兼顧認知、技能、情意等不同層面的學習表現外，也應考量學生身心發展、個別差異和文化差異。

情境任務評量的命題

　　情境任務的編擬即是教師編擬一個故事、事件、狀況或待解決問題的一篇文章，此文章的描述不能太過於簡略，要將背景描述清楚，而情境背景即是核心知識的轉譯，每個情節可以隱含著某個核心知識的應用，而最後的任務或問題解決則是一個或多個策略性知識的應用，而且儘量與日常生活經驗有關。

　　情境任務評量的題目是以「**什麼樣的策略性知識要在什麼情境下表現出來**」的原則進行編擬，例如：

1. 二位數的加減法，可以在超商購物時？

2. 海拔高度與溫度的關係，在規劃登山活動時？

3. 信件的要素，在寫信給遠方朋友時？

4. 植物生長跟五大要素有關，在判斷家裡植物為何會乾枯時？

5. 光影大小隨著光源的距離而改變，在繪製大型圖畫時？

上述的例子之前一句是策略性知識，而後一句是本書提出參考的生活情境，可以提供教師發想教材相關的策略性知識和情境任務。如果要將情境任務轉化為選擇題，透過擬真情境的描述要求學生從選項選出正確的策略性知識，這也可以，許多會考題目就是這樣命題的。

本書再舉出兩個例子，一個是由教材單元內容發展情境任務，另一個是由核心素養和學習重點發展情境任務。

如果一個教材單元內容是關於臺灣的聚落與交通，而其核心知識各種交通工具的優點、特色與限制，也提及臺灣通訊的發展，這可以擴展成網際網路工具的使用。因此，情境任務的命題就可以讓學生運用這些交通工具安排旅遊行程。例如：實例試題 23。

實例試題 23

> 我們家住臺南，我們全家四個人打算在星期日到臺北國父紀念館廣場看一場免費的儀隊表演，表演於上午十點開始，十一點結束，結束後還打算去附近某家餐館吃飯，餐點每人每餐從 200 到 500 元不等，我們的預算只有 10000 元，請規劃一日臺北遊的旅程。

要完成上述的任務，學生需要先瞭解高鐵、火車和捷運的搭車時間與票價；另外，也需要知道火車和高鐵的時刻查詢；外加在一定的預算與表演時間不能改變的情形下，提出時間流程表。

另一個例子是由核心素養和學習重點發展情境任務。下列表 2.6 是國中國文領域的核心素養與學習重點，教師先檢視學習內容的文

字，再從學生的經驗或學習的教材內容中取材，成爲核心知識，可能是某個文化或群族的生活；再者，從學習表現中提出學生要表現的內涵，可能是理解某個議題與生活的關聯；最後形成策略性知識，策略性知識可能是「藉由閱讀多元文化相關文本，發表對不同族群生活的觀點」。

表2.6　國文領域學習重點（國-J-C3）之實例

語文領域—國語文學習重點		語文領域—國語文核心素養
學習表現	學習內容	
5-IV-5 大量閱讀多元文本，理解議題內涵及與個人生活、社會結構的關聯性。	Cb-IV-1 各類文本中的親屬關係、道德倫理、儀式風俗、典章制度等文化內涵。 Cb-IV-2 各類文本中所反映的個人與家庭、鄉里、國族及其他社群的關係。	國-J-C3 閱讀各類文本。探索不同文化的內涵，欣賞並尊重各國文化的差異性，了解與關懷多元文化的價值與意義。

　　根據上述的核心知識與策略性知識，教師開始描述一段事件、故事或狀況，也可以尋找當前社會中的議題作爲發想，而最後的情境任務便可能是 108 年國中會考國文科的引導性寫作的題目，例如：實例試題 24。

實例試題 24

> 請先閱讀以下資訊，並按題意要求完成一篇文章：

> 若參考上述「青銀共居」的事例，思考高齡化社會的相關議題，你對年輕人與銀髮族的互動或相處模式，有什麼期待？請就你與年長者的相處經驗，或生活周遭的觀察，表達你的感受或看法。

　　若要把上述表 2.5 轉化到實例試題 24 的中間歷程描述出來，可以使用附錄二的「素養導向的三層次的學習評量設計表」之第三部分的表格，如下表 2.7 說明。

表 2.7　核心素養轉化為情境任務的過程之摘要表

第三題　素養任務題		
核心素養	學習內容	學習表現
國-J-C3 閱讀各類文本，探索不同文化的內涵，欣賞並尊重各國文化的差異性，瞭解與關懷多元文化的價值與意義。	Cb-IV-2各類文本中所反映的個人與家庭、鄉里、國族及其他社群的關係。 學習內容細部化：選取策略性知識內容	5-IV-5大量閱讀多元文本，理解議題內涵及其與個人生活、社會結構的關聯性 學習表現層次化：選取中高層次的表現
從學習內容和學習表現中選取高層次的內容與表現	各類文本中……社群的關係 雙向細目分析：學習內容＋學習表現　中高層次內容的中高層次的表現	理解議題內涵及其與個人生活、社會結構的關聯性
策略性知識（學習內容）的學習表現（不限一個）	從文本閱讀中表達（理解）議題內涵要素的關聯性 從文化、經驗、新聞事件等選取素材，發展情境任務。（青銀共居曾是某個新聞議題）	
情境任務 如：實例試題 24		
評分標準表 略（以會考作文的評分標準表評閱）		

情境任務評量的評分

　　情境任務的評量所採用的評分方式多是觀察學生的外在表現，包含書寫、肢體表演、口說和演唱等，教師需要發展評分標準表，不能僅是用片面的觀點看待學生在情境任務的表現。

評分標準表包含兩個向度，一個是內容、一個是等級，其發展步驟如下：

1. 教師需要先從學生所要表現的策略性知識提出學生表現標準，如果是複雜任務，更需要區分幾個不同項目的表現標準。

2. 將預期學生表現最完美的表現標準設定成最高等級的分數，通常是 5 分。教師可以採用「全部」、「面面俱到」、「全面」……等語詞設定最完美的等級。

3. 再將上述最完美的表現標準降低為 80% 的程度，如此則設定 4 分。如同前述，教師可以採用一些量詞，不過，在此等級可能就是「大部分」、「多數」等語詞。

4. 再將上述第 2 點的內容標準降低為 60% 的程度，設定 3 分，以此類推，編擬 2 分、1 分的表現標準。

本書再舉例如下，表 2.8 是「批判思考能力表現之評分標準表」。教師可以自行發展，之後可以請其他教師或學者協助檢視，關鍵點在於高等級表現的敘述一定比下一等級的表現敘述還要複雜、困

表 2.8　批判思考能力表現之評分標準表

等級分數	描述
高階：5 分	綜合許多資源當證據去論述和評估議題上的觀點、尋求議題內容以外的資源是準確合宜、能清楚表達議題的意義並具有能力應用質與量的證據去發展另類的觀點。
熟練：4 分	指出正當的證據、能參考議題內容以外的資源當論證、提出清楚理念，亦能應用在不同的情境，在情境分析中提出合理的推論。
發展：3 分	指出一些例子和證據、一些關於討論議題上的引用、提出一些理念時與部分議題細節相關，嘗試提出論述，但不夠合理。
相關：2 分	雖有一些例子，但證據的採用薄弱，提出一些理念與部分議題細節時，只有相關，缺乏解釋與說明。
基礎：1 分	使用不適當的例子，沒有適當的引用，只提出細節但沒有涉及應用與相互連結，對議題僅有些微的理解。

難、高層次思考才行。

本書再舉多重向度內容的評分標準表提供讀者參考。表 2.9「多重向度內容的評分標準表」是我在指導師資生寫教案時，用來評分學生教案的評分標準表。

表 2.9　多重向度內容的評分標準表之實例

等級分數	教學目標	教學活動（含教學資源與媒體）	教學評量
5 分 100% 完美	根據教材設計適當的教學目標，認知、情意與技能目標全具有合宜性，並以低層次至高層次的邏輯編寫。	能針對教材內容、教學目標選用合適的教學策略，並能激發學生學習動機與啟發學習。	能針對教學目標發展適當的形成性與總結性評量，且適當地安排在教學活動中。
4 分 80% 精熟	大部分教學目標根據教材內容設計，認知、情意與技能目標多數具有合宜性及其邏輯組織良好。	大部分教學活動能依據教材內容、教學目標編寫，也多注意到學生學習動機的激發。	大部分的形成性評量與總結性評量具有合宜性，且大多適當地安排在教學活動中。
3 分 60% 需改進	部分教學目標根據教材內容設計，認知、情意與技能目標部分具有合宜性及其邏輯組織尚佳。	部分教學活動能依據教材內容、教學目標編寫，部分注意到學生學習動機的激發。	部分的形成性評量與總結性評量有所疏漏，只有部分適當地安排在教學活動中。
2 分 40% 不足	僅少部分教學目標根據教材內容設計，認知、情意與技能目標僅少數具有合宜性，且有少部分具有邏輯性。	僅少部分教學活動依據教材內容、教學目標編寫，很少注意到學生學習動機的激發。	大部分的形成性評量與總結性評量不具合宜性，且與教學活動的關聯性不佳。
1 分 20% 待加強	教學目標與教材內容較少連結，認知、情意與技能不夠準確，且缺少邏輯性。	教學活動與教材內容和教學目標較少連結，毫無注意到學生學習動機的激發。	很少形成性評量，總結性評量缺乏或不宜，與教學活動的關聯性不佳。

本章小結

　　在十二年國教課綱實施之前或者是當前，仍有許多教師或家長提出「考試領導教學，認為考試不改，課堂教學活動仍是傳統的記憶與理解」，亦有多數人質疑核心素養架構的評量或考試沒有標準答案，對學生不公平。這些想法將因為素養導向的評量與命題發展逐漸成熟而被澄清。

　　當前會考或學測的題目已經逐漸趨向素養導向的檢測，只是部分是核心知識的評量、部分是策略性知識的檢測，而部分已經具有解決問題之策略性知識應用的題目了。換句話說，當前重大的考試已經轉變，部分教師也已經在學校的定期評量或甚至在教學過程中的評量做些改變，也逐漸改變自己課堂教學活動的設計。

　　再者，素養任務的評量並非由教師一人主觀的認定，評分標準表的設計與使用，不僅讓評分標準清晰顯示，多向度的檢驗也可以檢驗學生在任務中的知識、能力與態度，各種學習歷程也逐漸以評分標準表去檢視。

　　值得注意的是，教師在教學與評量上的專業要不斷提升，除了理解核心素養的教學評量包含三個層次（核心知識、策略性知識、情境任務）外，也要考慮到學生現在與未來的生活情境。若教師在此部分受限於傳統思維，本書建議各學校教師社群可以將此列為社群運作的主題，也可以在教師共備觀議課時提出來討論。

教師讀書會可探討的問題

1. 核心素養的教學評量包含三個層次（核心知識、策略性知識、情境任務），請以某一單元之教材內容分別設計這三個層次的題目。如果可以的話，再與社群教師共同討論。

2. 請各領域教師選取領域綱要三面向九項目之其一核心素養，對照其學習內容與學習表現，在解構學習內容與學習表現後，提出「學生要在……（學習內容）表現到……（學習表現）」，再藉此編擬出一個情境問題。（可參考本章第三節之「情境任務評量的內容」和「情境任務評量的命題」內的文字說明。）

第三章

為所有學生而教

　　臺灣近十年來，不乏新穎的教育理念，包含翻轉教室、磨課師（MOOCs）、行動學習、分組合作學習等，這些理念均有其教育價值。然而，當進入教室內觀課，我們幾乎都可以發現，不是每一個孩子都投入學習中。最常見的例子是，一位教師發下每組一張大壁報紙，要求各組討論問題與寫下問題的答案，我們總是發現一組內有四、五位學生，僅有一位或兩位學生寫著，其餘兩位僅在旁邊看著；或者是當教師指導完核心知識後，要求學生書寫學習單，教師有時會說：「不會寫的可以和旁邊的同學討論」，我們總是發覺學生的討論是「轉頭問了旁邊的同學，同學告訴他答案」。

　　上述兩個例子是教師常掛在嘴邊的「討論」，第一個例子中，學生並沒有討論，只是由一位學生寫，可能另一位學生給些資訊，其餘「看著」；第二個例子中，多數那些不知道答案的學生會以獲得答案為目的去請教他人，他人也可能以為告訴同學答案也就幫忙了別人。這些例子裡的學生毫無進行討論的行為，部分學生也未有認知思考上的學習。

　　臺灣許多教師努力投入教學，經常轉化許多教育理念於課堂教學中，但多數理念的實踐情形就如同上述的兩個例子在課堂中發生。許多報告顯示了那些教育理念的價值，卻可能「揚善隱惡」，亦即學校或教師可能以那些前段學生的表現作為證據資料，中後段學生的表現被隱藏，甚至中後段學生的學習參與和表現逐漸被忽略。因此，我們可以說，臺灣的教育改革難以論斷成功或失敗，只是造成學生之間的落差愈來愈大。因為再怎麼樣的教育理念，前段學生一定跟得上，但後段學生由於學習參與被忽略，甚至自我放棄，導致程度愈來愈差。

　　基於這些本土化的教育現象，教師應該研擬足以讓每位學生都能真正學習參與的教學策略，並嘗試在課堂中實踐，透過觀課時對那些後段學生的注意，發展合宜的教學模式。本章提及三種教師常用、卻常忽略部分關鍵要素的教學策略，再根據我的研究實驗結果，略微調整那些教學策略的細節，意圖讓每位學生都能在學習中投入學習與參

71

與。

第一節　同儕討論教學策略

　　早期我們進班觀課，我們總是很在乎教師的教學行為是否符合教學原則，最近幾年，我們開始關注學生的學習，因此，觀課時就會多注意學生的學習觀察。上一段的例子就是提醒我們，觀察學生時得要多關注他們是否投入學習參與中。

　　要讓學生投入學習參與中，教師不能僅就學生上課專心聆聽或專心注視著教材就認定學生參與學習，本書建議教師設計學生同儕對話的教學策略。外表上來看，同儕對話是學生兩人以上的對話行為，而為了要實際對話，個別學生就必須要先思考要講什麼話，如此教學策略可以兼顧到所有的學生。

　　不過，學生不一定會進行同儕討論，有時候教師也要透過布局和誘導，再花長時間經營。相關細節如下逐點說明。

💡 同儕討論不是目的，是刺激學生思考與產出觀點的方法

　　同儕討論意味著兩位或以上的學生針對某個主題進行對話，在教學中，對話的內容即是需要學習的內容，可能是教師提出問題的答案，也可能是學生對教材內容的見解，甚至連學習單、習作或講義上的答案都可以拿來作同儕對話的資源。不過，這種針對某個主題內容進行對話，不只是外在的互動行為，而需要包含內在的思考與想法可能轉變的歷程。因此，教師運用同儕討論方法時，得要透過學生顯露於外的語言與行為，推論學生的思考歷程。

　　同儕討論之核心要素是「口說」，這是基於社會建構理論的教學應用。口說是一種心智思考的外在表現，學生要說之前，需要先邏輯整理自己的觀點，每個學生再把來自不同來源的觀點進行相互對照、比較與察覺異同處。

　　即使本書提到一些同儕討論的程序，目的不在於希望教師讀者照著步驟進行教學，這些程序僅是回應早先我進班觀課時看見部分教師只是口頭講著「不懂可以相互討論」而其學生卻僅是相互提供答案的現象，藉此提供教師可以先以那些程序嘗試進行教學，再透過學生實際表現略做調整。同儕討論之最終目的在於透過教師的討論程序安排或訓練，讓每位學生都可以提出自己的觀點，再聆聽他人觀點後，相互比較兩人的觀點，進行提出更趨於完整或合適的答案。亦即同儕討論的目的在於刺激學生思考以及產出更精緻的學習結果。

教師需要指導學生同儕討論的程序

　　教師運用同儕討論方法時，學生需要與其他學生進行相互對話，根據資訊處理與知識建構的學理，這涉及到學生的心智歷程，亦即學生先對學習內容進行思考與產出，之後再將自己產出的觀點與他人對照比較，進而調整、修改或擴大自己原有的觀點。

　　然而，上述這些心智歷程，需要教師事前的指導。而同儕討論的指導則是以上述的心智歷程為原則，再融合教材內容，轉變為指導步驟，進而促進學生的認知思考。同儕討論的步驟如下：

　　1. 產出：每個人先產出自己的觀點，可能是先寫下自己的想法，或者是先完成自己學習單上的題目。這是對話的關鍵，如果沒有先產出自己的想法或先寫自己的學習單，對話之後可能會發生抄襲的現象，而不是心智觀點對照比較的結果。

　　2. 發表：每一個人都要發表自己的觀點，若學生沒經驗，教師可以指定誰先說誰後說，有經驗後，只要要求每一個人都要說。先前提及「口說」的重要性，因此，教師務必讓每個人都先產出自己的觀點後，才進入此發表階段。

　　3. 聆聽：學生需要仔細聆聽他人的發言，必要時，教師需要要求學生在聆聽時，除了簡單記錄同學發言的內容外，不可以做其他的事。

4. 比較：這個心智作用不一定發生在聆聽之後，也可以與聆聽同時發生，亦即學生聆聽他人的觀點時，心智上會自然地把他人的觀點與自己的觀點作對照比較，而會有類似、部分類似和完全不同的對照結果。

5. 調整：當學生有了類似、部分類似和完全不同的對照結果，教師要鼓勵學生回顧自己原有的觀點，可以進行確認、調整、補充或修改。一般而言，大部分對照比較後，結果都會擴大或調整原來的觀點。

6. 價值化：如果學生透過先前的步驟而調整與擴大了自己對教材原有的觀點，或者是在題目的答案上更精確，教師此時要能引導學生回顧整個歷程，除了學生可以瞭解討論的步驟外，也建立同儕互動討論在學習成效上的價值感。當學生知覺同儕討論對其學習成就具有利益性，學生便會喜歡這樣的討論模式。而上述的指導步驟也會因為學生逐漸熟悉，教師也就不需要逐項要求，只要連結教材的一個指令，學生便能投入學習參與中。

根據上述的心智程序，教師可以轉化為教學步驟，並安排於教學活動中。其教學步驟如下：

1. 產出：教師要求學生先想，產出自己的答案（可以寫在紙上），不可以交談。

2. 發表與聆聽：一定時間（或教師巡視，多數學生寫完）後，要求學生兩兩一組，先發表（解釋）自己的觀點（答案）。教師要求未發言者要仔細聆聽。

3. 比較：教師提醒學生，觀點（或答案）是否與他人不同，再鼓勵不同觀點（或答案）的學生去請教同學。

4. 調整：教師允許學生討論後，可以修改自己的觀點（或答案）。

5. 價值化：教師引導學生思考上述所做的事，對自己在思考上的利益。

💡 同儕討論時可能出現的問題

教師若認同上述的做法，並開始轉化為實際的教學行動，在一開始時可能會發生兩個現象，第一，學生還是不會開口發言；第二，學生聽了他人的答案後，把對的答案改成錯誤的。

根據上述第一點，可能原因有兩個因素，其一是學生不習慣講出自己的觀點，可能是先前挫折太久、失去自信、害怕被嘲笑或早已習慣等著抄寫，導致不願意發言；其二因素是學生未曾充分思考題目、未能在心智上整理發言內容，導致自己認為不知道要說些什麼。教師的因應做法是：先讓學生在學習單上、習作上或筆記本上寫下自己的答案。雖然還是有學生不會寫，不知道要寫什麼，教師可以針對那些還是有困難的學生，提示題目的關鍵細節、引導回憶學習經驗，甚至以是非題的問句引導其寫下完整的句子。另外，針對那些挫折太久以及害怕被嘲笑的學生，教師除了提醒全班尊重每一個人的發言外，也可以善用兩兩配對的方式，亦即可以安排比較友善的學生與缺乏自信的學生成為一個對話組別。

根據上述第二點學生聽了他人答案後把對的答案改成錯的現象，這是因為學生缺乏自信，導致即使自己的答案可能傾向正確，但由於同儕平時的成績可能比較好，當兩方的答案不同時，便認為他人比較正確而修改自己的答案。教師可以透過如此現象，告訴學生，只要認真學習，都可以呈現最好的一面。

即使教師已經採用上述的做法，還是會有少部分學生不如教師的預期，甚至有些學生還是等著抄寫來自他人的答案。那可能是學生對這種同儕討論還沒有習慣、掌握到要領或教師的步驟引導還需要調整。根據我的研究經驗，大約五次的運用與調整（包含學生配對的方法），學生大都知道，也可以開始知覺到同儕討論的價值。

💡同儕討論的應用時機

　　本章一開始便提及，許多學生在學習過程中只是觀看，是否專心聆聽還尚未得知，如果僅從學生專心聽講便判斷該學生投入學習，這樣太過於主觀。學習涉及學生的認知思考，大腦內的心智結構需要產生改變，因此，教師需要提供學生認知思考的機會，也要察覺學生是否在心智結構產生變化。

　　同儕討論有三個合宜的應用時機，分別是核心知識的確認、策略性知識的建構，以及創意思維的發想。在解決上一節點「同儕討論時可能出現的問題」提及的問題後，依據這三個應用時機嘗試運用在教學過程中。

　　在核心知識的確認上，教師可以在指導核心知識後，要求學生書寫學習單、習作或講義上的題目。此時，教師可以巡堂察覺學生的書寫情形，並給予個別學生一些提示或指導。待多數完成後，可要求學生兩兩交換看，並鼓勵學生若兩者答案不同，去解釋自己的答案（非指導他人）。學生在解釋過程中，就會重新思考，或許自己就能察覺；或者是聆聽他人答案時，再度與自己原有的想法相互對照比較。如此，解釋和聆聽便具有討論的意涵，而關鍵的是每一個學生都可以相互刺激思考，相互學習。

　　在策略性知識的建構上，本書第一章提及策略性知識涉及諸多的概念、技能和情意因子的關聯，而教師不應該直接講述這個關聯，應該設計討論問題，讓學生自己產出這種關聯性的策略性知識。因此，教師根據本書第一章與第二章的相關內容設計策略性知識的討論題目後，務必讓學生先寫下自己的觀點，至少要給學生思考的時間；之後，安排同儕兩兩或左右一組，輪流提出討論題目的答案。不過，教師需要要求學生不僅講出答案，還要解釋有那答案的理由。如此，如同上述的功能，除了解釋和聆聽之外，對於策略性知識的啟發也有相當大的幫助。

在創意思維的發想上，這也包含型塑學生核心素養的學習任務或問題解決的思考。通常教師會設計傾向複雜的問題，要求學生思考、規劃與提出具有程序性知識的方案，這些任務的討論比先前兩種同儕討論還要困難。不過，教師在此時應用同儕討論的主要目的不在於透過此方式讓學生獲得學習成效，而是讓學生在同儕互動中相互刺激思考，補足自己的不足以及調整原有疏漏之處。

除了上述三個與型塑核心素養相關的應用時機外，教師也可以應用在其他情境中。不過，提醒教師們，同儕討論不是集體討論與獲得共識，也不是相互指導，而是相互分享、相互刺激思考，學生自己建構知識。因此，在應用時機上，只要教師認為學生可以相互聆聽並可能調整或擴大自己思維的教學內容，都可以這樣設計。

同儕討論的成效知覺

需要再提出的是，如果學生鮮少有討論的經驗，即使教師設計同儕討論的學習活動，也需逐步引導學生進行討論，但不會一開始就會有很好的學習效果。根據我自己的教學實驗，同儕討論需要經過五次的練習與實踐才會有充分正面的效果，教師也需要有此心理準備，同儕討論的能力是需要多次的應用與調整才能培養的。

再者，任何教學策略對於任何學生、任何教材都不是萬靈丹，都可能對少數學生有困難，也難以促進其學習成效。涉及的因素相當複雜，有時候是學生已經充分理解教材內容，同儕討論無法再提供更進階的思考，也可能是因為一方學生無法提供另一方刺激思考的機會，如果是雙方都無法獲得討論的利益，可能是同儕配對的問題，請讀者查閱下一個節點之內容說明。不過，以我多次的教學研究發現，整體上的效益比傳統的個別學習大了許多，教師不要因為少數幾次的成效不佳而放棄這個讓所有學生都能參與學習的機會。

低成就學生的同儕討論問題

我曾做過同儕討論的研究，上述提及的成效多數能顯現，但有一現象令我省思許久，即是低成就的學生若配對在一組，則兩人不僅對話情形不佳，當他們看見其他同學都可以表達與對話時，從臉上表情看到無助的感覺，可能心理上也會產生挫折。但如果和中高成就學生配對在一組，低成就學生原本在回應題目和創意發想上就有些困難，他們可能期待從同儕對話討論中獲得一些刺激思考的機會，然而，中高成就學生的思考太快，他們往往不及跟上。有時則會喜悅地認為有高成就學生的答案可以抄寫，卻不知學習逐漸落後。

我建議兩種方式處理：

第一，教師設計討論題目時，要有層次之分，可能包含事實性、解釋性和推理性三個子題，除了讓低成就學生在事實性問題上能產出答案以增強信心外，也可以藉由事實性的答案進一步挑戰解釋性的討論題目。如此，在同儕討論時便可以相互解釋、相互刺激思考，達到討論的效果。

第二，同儕配對上的處理，亦即同儕兩人不要在認知上落差太大。教師可以先檢視核心知識的學習情形，在進行討論時，可以將核心知識學習理解成效相接近的學生安排在一組。這部分可以再參考本章第三節的差異化教學之內容。

低成就學生早先的學習挫折太久，自己也缺乏自信，部分教師也對他們已有刻板印象而認定他們不會討論。只要教師在題目設計上層次化，再以配對方式安排對話小組，根據我的研究結果，他們會願意開口講出自己的答案，這也是同儕討論的成效了。

使用兩段式作業法促進學生討論動機

根據我的研究，有一些教師反應少數學生對於同儕討論提不起興趣，除了先前的自信與對教材理解不充分影響到討論動機外，也有

些學生可能感受不到學習的利益。我曾經為此做過教學研究，我發展「兩段式作業法」以促進學生的同儕討論動機。兩段式作業法的學習單格式參考如下：

分數 題目	第一段分數： 自己寫的答案	第二段分數： 和同學討論後的答案
例如：颱風的形成原因為何？		
例如：容積和體積有何不同？		

　　在使用上，教師指導題目相關的知識後，要求學生先寫下自己的答案，等到每個人都寫過後，教師可以收回並批閱「正確」、「錯誤」或「不足」，也給予第一段作業的分數。之後，教師再進行配對或交由學生自己找他人討論，特別是針對「不足」答案之題目進行同儕討論。教師需要提及學生可以把討論過後的答案寫在右邊第二個欄位「和同學討論後的答案」上，並說明如果學生第二次寫的答案比較正確或充分，教師可以再給更高的分數，也就是註記在第二段分數處。不過，教師得要隨時留意學生討論的情形，有可能學生為了分數，不進行討論，而是直接抄襲。

　　在題目設計上，若能讓學生第一次產出的答案是大部分屬於「不足」的程度，同儕討論的成效會更大；若是全正確或全錯誤，則成效就較少。教師也可以發展出三題不同認知難度或程度的題目，班上低成就、中成就與高成就學生就可能會至少一題「不足」的答案結果，此時再進行配對討論，就會有成效。這種設計可以幫助教師引導學生透過同儕討論進行思考，而且是全部學生都能參與的思考，更能讓學生感受到同儕互動討論的好處。

第二節　合作學習教學策略

傳統上，少數教師誤解將學生分成小組，再給予小組任務即是合作學習。無論大學或中小學，僅做這樣的安排，學習效果不僅有限，可能也會造成部分學生搭便車的學習效應。

另外，亦有教師誤解異質性分組的意涵，認為是一個小組內有高低不同成就的學生即是異質性分組，教師期待藉由高能力學生的協助和示範，引導低成就學生的學習。不過，根據我在課堂中的觀察，高成就學生對低成就學生的協助多是傳遞知識，並沒有讓低成就學生產生認知上的思考，即使低成就學生可能獲益，但這種獲益可能只是讓低成就學生獲得答案之表面學習成效。另外，低成就學生並無法影響高成就學生。因此，這種高低成就學生異質性分組的做法，很少有教師期待的學生共好之效果。

每一個學生都是教師教育的對象，教師設計小組合作學習之教學活動時，表面上是所有學生都參與學習，但實際上教師需要瞭解每個學生的認知投入學習程度。

異質性分組是每種特質的學生都可以發揮

異質性分組是將各種特質的學生安排在一組，每個人都可以發揮他的角色，進行促進小組任務的完成。我舉兩個例子說明：

我曾經在大學開設過一門師資培育課程，修課的師資生需要拍攝教學影片，我將國文系、美術系和資管系的三位修課師資生安排在一組。因為教學影片需要寫劇本，由國文系師資生帶領其他同學撰寫劇本相當合宜；拍攝影片時，畫面構圖相當重要，美術系師資生的專長可以帶領其他人做此事；拍攝之後需要剪輯影片，當然資管系的學生對電腦軟體的敏銳度較強，帶領其他兩人剪輯影片也非常合適。合作學習是小組分工合作，每個人各司其職，但能相互幫忙。以此例而

言，無論國文系、美術系和資管系的師資生，均有其負責之任務，亦符合其專長，也可引導其他成員完成，最後任務的展現也都能盡善盡美。

如果無法事先確認學生的特質，那可以思考任務的分工，務必每個人在小組內都有任務。例如：我以前在小學設計過一個課程，主要是指導小學生透過數位相機的拍攝，再以校園美景或事務為主題，進行合作學習的教學活動。我分別將每一組內的每個學生設定任務，包含數位相機操作、檔案傳輸、數位照片大小調整，以及電腦簡報製作等四項子任務，我先指導各組第一人第一個任務，再由那一人指導小組其他成員，我再指導第二個人第二個任務，他再去指導小組內其他人，以此類推。這除了每一個人的任務功能都可以發揮，亦可以促進小組任務的完成。

因此，教師在設計小組合作學習且進行異質性分組時，就需要從合作任務的子任務思考，再對每組每一個成員做出安排。教師也可以將子任務的難度略做差異化，以符合每一個學生的能力。

不一定每個學習任務都適合分組合作學習

分組合作學習活動雖然可以讓每一位學生都參與，不過，如果分組合作的目的是期待高成就學生教導低成就學生，那建議教師以同儕配對的方式進行作為安排，並在適當的時機指導高成就學生如何教導低成就學生即可；如果分組合作學習僅希望學生相互學習，那建議教師改成本章第一節提及的同儕討論之教學活動；如果教師期待學生除了相互學習外，亦可以透過學習活動觀摩別人優良特質、與他人共同合作發揮團隊精神，以及增強個別學生在團體學習中的信心，教師便可以採用分組合作學習的方法。

反過來說，如果教師要型塑學生核心素養，藉由情境任務提供學生小組合作完成任務的機會，教師得要檢視情境任務是否得以異質性分組，讓每一個學生的特質或者是分擔的工作發揮功能。

小組內的子任務要有關聯性

為了讓小組內的每個人所負責的任務都能發揮功能，更促進異質性分組的價值，如果學生欠缺合作學習的經驗，本書建議教師不要讓學生自己設計與他們分派子任務給小組成員，否則易造成僅分工沒有合作，各自完成自己的任務再連結在一起，並沒有相互學習的功能存在。

教師在設計任務與子任務時，務必讓子任務之間有關聯，最好是某項子任務做不好，其他子任務就難以完成或不完美。例如：先前我舉過的一個拍攝教學影片的例子，如果其中一個子任務拍攝不好，可能會影響影片的剪輯。具有關聯性的子任務才有可能促進學生相互學習、相互成長。

然而，這樣的設計也有一些風險，如果其中一位學生對其分工的子任務相當消極，可能會造成其他組內同學的負荷，教師不能僅是一味地要求其他同學協助幫忙，如此將造成學生對合作學習反感，失去合作學習的動機。教師應該在合作過程中，監控與檢視個別學生的參與情形，必要時提供協助或調整子任務的安排。

合作學習的子任務與統合任務的安排

教師設計學生合作學習的活動，為了讓每個學生都能參與，教師必須設計既能分工又能合作的任務，通常這種大任務的特性可以再細分成諸多子任務，如圖 3.1 的示例。圖 3.1 所顯示的是四種子任務，小組先行討論，分派每個子任務的其中一個成員，每個成員依其職責完成，再進行小組討論與整合。執行過程中，小組討論、分工執行、小組討論……不斷循環。然而，圖 3.2 的任務設計更加緊密，單一學生如果沒有完成，可能後續的子任務就難以進行。不過，反過來說，這種任務的設計可以激勵學生相互關注、相互協助。

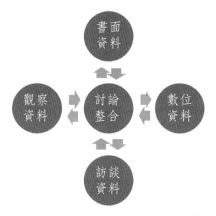

圖 3.1　合作學習任務設計之子任務整合模式

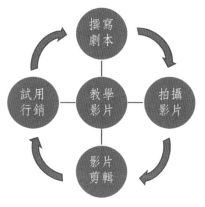

圖 3.2　合作學習任務設計之子任務接續模式

　　無論上述哪一種模式，學生要投入合作學習，需要教師不斷地檢視每一個學生的參與情形。小組成員的衝突是免不了的，教師可以將這些衝突視為機會教育，指導合作學習任務中的個人為小組貢獻的職責、成員相互協助，以及合作完成任務的態度。

合作學習的評分兼顧個人與小組合作分數

有部分教師設計分組學習的活動，之後評量學生表現分數時，小組內每一個學生的分數都相同，這表面上來看，是促進學生相互指導與相互學習，但卻不利於個人對任務的投入參與，亦有讓那些爲小組多付出的學生感到失望。即使我們可以對那些多付出的學生多加勉勵，那何不表現在分數上呢？

根據先前所述，小組分工與合作即表示小組成員各有子任務，也需要整合他人共同完成小組任務，因此，教師在評分上可以採用兩個分數來表示，例如：85+6、78+6、88+6，或者是83-4、78-4、91-4。加減號之前是個人分數，針對個人子任務的表現進行評分，而加減號之後是小組合作分數，針對小組任務的整合性進行評分，每個人的小組合作分數都是相同。如此，不僅可以對個人的貢獻度進行評分，也可以促進小組合作的進行。更重要的是，每一個學生都需要參與學習，不像本章一開始提及的「小組內僅有一、兩人在書寫，其他人看著」那樣的學習型態。

合作任務兩段式小組兩兩互評

小組合作學習也可以如同先前第一節同儕討論提及的兩段式作業方式，進行兩段式任務的小組兩兩互評。小組兩兩互評的目的在於組間學習，相對於小組內的組內相互學習。

小組兩兩互評中，建議教師不要以每組輪流上臺報告、而其他組在臺下聆聽的方式進行，這種方式容易造成聆聽者多、但提出意見者少的現象，無助於每個學生的參與。本書提及的小組兩兩互評是將兩個小組安排在一起，A組報告給B組聽，B組提出問題詢問，之後兩組再交換。報告時，小組內成員都要報告，至少要針對自己負責的子任務進行報告；而提問時，每個成員也需要提出問題請教對方，也至少要針對自己負責的子任務提出問題。

　　之後，教師可以鼓勵各小組針對評分那方提出的問題與回應，再度修改與調整自己的小組合作任務。如此，讓每個人都可以再度省思自己負責的子任務，也可以透過他人的提問瞭解自己小組的合作學習參與情形。

　　在教師的評分上，如同先前的同儕學習，教師可以先針對小組互評前的各組任務進行評分，先給第一次分數，於小組兩兩互評後再給第二次分數。根據我的教學研究，學生參與這樣設計的合作學習以及小組兩兩互評之後，幾乎對學習內容相當瞭解，亦有觀摩他人特質、培養與他人共同合作發揮團隊精神之態度，以及增強個別學生在團體學習中的學習信心之機會。

合作學習的教學流程

　　根據上述提及的合作學習之原則，本書整理關鍵重點，提出一套合作學習的學習活動設計之參考模式，教師可以根據學習任務、學生特質，以及其他相關教學因素，略做調整。說明如下：

　　1. 教師說明合作學習的目的、功能、過程，以及每個人應該投入學習的重要性。

　　2. 教師提出任務，並且詳細說明學習任務的發展、子任務的職責、最終可能的結果與評分的原則。

　　3. 教師進行學生分組，建議教師自己分組，切勿讓學生自己找組員；若教師讓學生自己找組員，則需要強調每組子任務該有的功能與職責，藉此提供學生尋找組員的參考。

　　4. 各小組進行小組討論，針對各子任務的職責進行描述，確認每個人均有安排的任務以及理解其任務的要件。

　　5. 各小組成員自行完成自己的子任務。

　　6. 各小組進行小組討論，針對個人的子任務進行評估，進而相互協助，促使各子任務的充分完成。

　　7. 各小組統合所有個人的子任務，並略做微調，以確認小組任

務可以達到學習目標的要求。

8.（選用）進行小組兩兩互評，教師示範報告的原則與方式，並提供提問的示範或檢核表。各小組繳交第一次分組報告作業。

9.（選用）實際進行小組兩兩互評，教師巡視各組報告情形，適時給予協助或指導各組的缺失。

10.（選用）小組兩兩互評後，各小組再度討論需要調整與修改之處。

11.（選用）各小組調整之後，再度繳交，形成第二次分組報告作業。

第三節　差異化教學理念

　　早期學生受教權的解釋傾向消極性的定義，亦即學生只要坐在教室內，聆聽教師的講課，即是獲得受教權。然而，這幾十來受教權重新解釋，學生僅坐在教室內，但他們聽不懂教師教學的內容，認知上沒有投入參與教師設計的學習活動，如此無法談上學生擁有受教權。教師需要讓學生都可以依據自己的需要與認知程度進行學習，亦即教師需要考慮學生不同需求，支援學生的學習，這即是差異化教學的理念。

　　部分人士會誤解差異化教學讓學生有不公平的學習，不過，如同上一段的受教權，「公平」的定義也要重新解釋。公平是指從學生的基礎需求開始教導？還是每一個人都學習相同的內容？雖然這些論述尚未有定論，不過，如果不從學生的基礎需求開始教導起，就會有愈來愈多的學生學不會或者是放棄學習。這不是他們不努力，而是涉及太多因素，包含家庭、文化、先前的教師教學，以及個人的生心理發展。另外一方面，高成就學生也需要比普通內容還要高一點層次的指導，因此，教師得要發展適合各種學生學習需求的教學活動。

　　差異化教學是一種教學理念，不是教學策略或模式，教師可以藉

由差異化教學理念發展多種不同的教學策略或模式。不過，教師得要先瞭解學生的學習需求，包含認知上的先備知識、學習風格，以及各種學習條件上的基礎，以便提供進一步的學習活動。

差異化教學的實踐面向

早期的差異化教學多是關注具有天賦的孩子之學習，不過最近已經被應用在普通班級，以學生學習爲導向、協同學習，以及促進每一個學生都具有意義化的學習挑戰之學習型態。當每一個學生都是教育的對象，當每一個學生都需要學習參與，差異化教學的理念就有實踐的需要性。

差異化教學的實踐面向相當多元。Tomlinson（2014）指出，教師進行差異化教學時宜關注內容（content）、過程（process）與結果（product）。

以內容而言，教師設計教材需要考慮學生可以學習的內容，提供接近各種能力學生的不同教材；以過程而言，教師可以提供不同需求的學生投入和可以完成任務的學習活動；以結果而言，教師可以設計多元表現的機會，可以讓學生自己選擇符合自己能力的方式表現學習成果，讓每個學生都可以在其中某一個任務或所有任務中展現他們的能力。另外，教師也可以提供多樣化的學習環境，動態、靜態或室內、室外等，讓具有不同環境學習特質的學生發展他們的學習表現能力。因此，差異化教學理念的實踐多以內容、過程、結果和環境爲主，並結合這些因素發展教學策略。

不過，雖然差異化的教學理念可以發展許多教學策略，但本章是以「爲所有學生而教」而寫，亦即是以大班級的教學情境，讓每一位學生都能投入參與學習的基礎去提出觀點，那些關於個別提供先備知識教材等差異化之做法，請讀者自行查閱差異化教學相關書籍。

💡 差異化教學不是分類對待，而是個別化促進

先前的差異化教學理念可能讓教師誤解，認為差異化教學即是要將學生依照他們的需求進行分組，再分組進行不同程度的教學。例如：在高中英文課，把學生分成三組，教師分別教導第一組單字、第二組文法、第三組寫作，這是錯誤的差異化教學理念，容易造成學生被標籤化，而這樣的做法也影響教學進度和增加教師的負荷。

類似的情形是，部分教師將學習單分成三種：簡單、中間、較難，學理上好像沒問題，但根據我的研究發現，低能力學生拿到「簡單」的學習單會有挫折感，他們感覺到他們的學習單跟其他人不一樣，更開始放棄學習。

差異化教學並不是將學生分類指導，而是以貼近學生學習需求的方法，促進學生的學習成就感，進而促使學生主動且積極地學習。

例如：一個教師在黑板上寫了三個數學題目如下，並告訴學生，只要寫對一題就是 100 分。

> 1. 小明有 300 元，小華有 100 元，兩人相差多少錢？
> 2. 小明有 300 元，小華有 100 元，小明每天花掉 10 元，幾天後兩人的錢一樣多？
> 3. 小明有 300 元，小華有 100 元，小明每天花掉 10 元，小華每天存 10 元，幾天後兩人的錢一樣多？

從上述的題目看來，第一題是最簡單，第二題、第三題愈來愈難。教師的意圖是希望學生挑選自己略能理解的題目進行作答，亦即考慮到學生的認知需求。重要的是，當低成就學生會答第一題簡單的題目後，在教師的獎勵下可能產生學習成就感，進而想要去答第二題，而會答第二題的學生也可能在自己的成就感下，繼續想要答第三題；更重要的是，第一題是第二題的基礎，第二題是第三題的基礎，學生被激發動機，再以自己先前學過的知識作為基礎進行高一點層次

的挑戰,這即是個別化促進的意思。

差異化教學理念之所以具有價值性,關鍵點在於提供學生可以學習的內容或學習形式,亦即高能力與低能力學生均可以在近側發展區的基礎上,挑戰他們各自的任務。由於每個學生的近側發展區不同,因此,教師需要設計不同能力學生之學習能力略高一點的題目、任務、或可以表現其能力的形式與環境,藉此提升他們的成就感,促進他們自主學習的動力。

改變教材內容的數量與深度

讓每一個學生都參與學習是教師的責任,不過,這並不表示每個學生都有相同數量的教材以及相同難度的任務。課堂中的學習,總是有些學生「吃不飽」,但有些學生卻「吃不完」,太多或太少都可能影響學習。

教師可以在學習內容的數量與深度上妥善設計,不過,切記先前提到的「差異化教學不是分類對待,而是個別化促進」,教師給予每一個人的學習單都有相同的題目量,但難度上需要從簡單到困難排列,再指導學生可以自己挑選某個題目開始往上作答。教師也要知道哪些學生可以完成的量與難度,分別為他們設定不同的目標。若達到目標之後能繼續挑戰,則以加分或獎勵處理。

值得一提的是,這些學習單不需要第一次就寫完所有題目,也不一定要收回給教師(或教師瀏覽完畢後發還給學生),並鼓勵學生課餘時間可以繼續往上挑戰,若挑戰成功,可以獲得獎勵。根據我的研究發現,部分學生在期中考前會拿出來練習,當其挑戰成功,學習自信心就又增強一些。

差異化評量的設計要符合核心知識的層次關係

教師可以在進行全班性學習活動之後,根據某個特定核心知識,設計核心知識之「屬性細節、核心知識、策略性知識」具有相同

教材內容卻不同認知層次的題組。題組的功能可以促進學生藉由前一個層次的題目思考下一個層次的題目。舉例來說，國小數學有一個核心知識是「梯形面積」，教師在課堂中運用教具講解梯形面積是由平行四邊形的推導而來之後，提出三個層次的學習單題目。

1. 有一長方形，長是 10 公分、寬是 8 公分，長方形的周長就是兩個長和兩個寬，這個長方形周長是幾公分？

2. 有一長方形，長是 10 公分、寬是 8 公分，這個長方形周長是幾公分？

3. 有一長方形，長是 10 公分、寬是 8 公分，另一個正方形，邊長是 9 公分，長方形和正方形的周長一樣長嗎？

上述第一題是屬於屬性層次的題目，題目中提醒學生長方形周長的定義，學生只要看得懂題目即可作答正確。

上述第二題是屬於概念層次的題目，學生需要具備長方形概念的知識，至於如何加或乘都可以。

上述第三題是屬於策略性層次的題目，學生需要比較長方形和正方形的概念知識，也要能從周長反推邊長的知識。

教師在設計差異化評量的題目時，可以參考「概念屬性、概念、策略性知識」的層次，每一個層次不限一題，低層次的題目可以略多一些。如此不僅提供學生逐題思考和藉題挑戰的機會，也可以提供教師察覺學生在哪一個層次遇到學習困難的資訊。

核心素養的情境任務之差異化安排

上述提到的兩種理念都是以「每一個學生有相同的學習單，但設定不同的目標」為教學策略。在核心素養的情境任務安排上，早期的做法是每一個人都有相同的任務，為了促進不同程度的學生型塑核心素養，情境任務或待解決的問題上也要做不同難度的安排，也可以不同表現風格的情境任務。

教師指導核心知識以及策略性知識後，描述情境任務的背景、過

程、細節，以及需要完成的任務或需要解決的問題。之後，教師提出
不同的任務，有些任務可以用電腦設計簡報完成、有些則採用壁報紙
和麥克筆、另有些則用美術工具，如果學生提出不同的表現要求，教
師只要覺得符合任務的意境，也都可以同意學生如此表現。

　　另外，如果此任務之核心素養不涉及合作學習，教師也可以讓學
生選擇個人作業，也可以選擇兩人配對作業，也可以選擇小組合作完
成。惟需要注意的是，多人的作業之表現數量比單人的要多。

本章小結

　　整體而言，每一位學生都是受教育的對象，在教學過程中，每一
個學生都要參與學習。或許教師會覺得很困難，其實教師只需要改變
一些想法，例如：

　　1. 學生可以講給同學聽，不一定要講給老師聽，以同儕討論促
進學生思考。

　　2. 學習單不一定要教師收回來改，可以作為兩兩互動討論的素
材，之後鼓勵討論後修改。

　　3. 合作學習異質性分組是各種特質的學生都能夠發揮，並不是
高能力指導低能力學生的異質性分組。

　　4. 合作學習任務要包含子任務和統合任務，藉此促進學生貢獻
自己，也能相互協助與合作。

　　5. 差異化教學不是分類對待，而是個別化促進，當學生對學習
產生成就感，就會願意學習。

　　6. 每一個學生題目要一樣，避免產生挫折感，但不一定要每一
個學生都完成到相同的數量；學習單要發還給學生，鼓勵學生課餘時
間自我挑戰先前一次的困難題。

　　上述六點之各兩點分別是同儕討論、合作學習與差異化教學，透
過這些理念與策略的應用，讓每一個學生都投入學習。為所有的學生
而教──Teaching for all students。

參考文獻

Tomlinson, C. A. (2014). *The differentiated classroom: Responding to the needs of all learners* (2nd). Alexandria, VA: ASCD.

教師讀書會可探討的問題

1. 試想，現在你已經設計一張學習單，希望學生自己寫完後相互討論，討論後也允許學生修改。你在教學過程中對學生的指令為何？或教學活動要如何進行？條列式地列出來。

2. 請你根據某個單元內容設計三到五個問題，第一個問題是填答第二個問題的基礎，第二個問題又是填答第三個問題的基礎，以此類推。

第四章

瞭解學生的學習理解歷程

學生坐在課堂內，表面看起來多數都專注聆聽著，也動手書寫著，不過，當我們就近觀察學生的表情，有些顯露滿足、有些皺著眉頭、有些面目呆滯；再觀察他們的書寫學習單或講義，有些立即上手，有些停頓思考好久，偶有偷瞄旁邊的同學。這些表情與行為隱含著對教師教材內容的理解程度。若再觀察十分鐘，我們可能會發現那些顯露滿足的學生可能繼續專注聆聽，那些皺著眉頭的學生可能舉手發問或轉看教科書，但也可能開始轉看窗外；而那些面目呆滯、毫無表情的學生，就令人猜疑是否心思仍在學習過程中。

理解是一種心智上的活動，是一種足以解釋外在事物或現象的心智基礎。學生對教材內容的理解是教師進行教學活動的基礎目的，如果學生能理解教材內容，便可能進一步地去解釋更複雜的事務；如果學生對教師所呈現的教材內容毫無心智上的理解，就難以談得上學習參與。有太多的時候，學生只是跟著教師的指令「做點事」而已。

然而，學生要如何獲得理解，教師得要瞭解學生在學習時心智如何運作；再者，各領域內容的知識型態略有不同，不同領域知識存在著特定的理解方式。

第一節　學習理解的心智歷程

學生學習之理論基礎不外乎來自學習心理學的三大理論：行為主義、認知主義和建構主義。行為主義源自於 B. F. Skinner（1904 年 3 月 20 日－1990 年 8 月 18 日）的操作制約說，提及個體透過行為的刺激、反應與增強作用，再透過二層制約與行為改變技術，進而固著行為。而認知主義是一種訊息處理，其理論解釋著個體經由感官、訊息處理與記憶等內在的認知活動，以學習並運用知識的歷程，代表人物有 R. C. Atkinson（1929 年 3 月 19 日－　）和 R. M. Shiffrin（1942 年 3 月 13 日－　），以及 R. M. Gagné（1916 年 8 月 21 日－2002 年 4 月 28 日）。建構主義則是源自於 J. Piaget（1896 年 8 月 9 日－1980 年

9 月 16 日）的基模同化論，指出個體用來解釋外在事物的基模與外界產生認知衝突時，會以改變或擴大基模以因應環境的需要；另外，Lev Vygotsky（1896 年 11 月 17 日—1934 年 6 月 11 日）則認為知識的學習不能僅是個體的內在運作，社會環境對學習具有關鍵性作用，學習是發生在社會因素與個人因素的互動中。

🔆 行為改變技術

　　Skinner 的二層制約是以刺激、反應與增強之原則作為行為訓練的基礎，先訓練單一行為，再逐步外加一層次的行為，再以刺激反應增強作用，逐步增加，進而完成多層次或複雜行為的訓練。反過來說，如果要訓練複雜行為，就需要將複雜行為分成好多個細部行為，從第一個行為開始訓練，之後，再加上另一行為再進行訓練。這種逐一增加行為的訓練是以 Skinner 的二層制約為基礎，而發展成行為改變技術。

　　二層制約是以動物訓練實驗發展，使用在人的行為學習上則轉變為行為改變技術。無論行為是從無到有（良好行為的增進）或從有到無（不適當行為的矯治），均可以使用行為改變技術。

　　教師可以先檢視學生的行為起點，再確認想要塑造的終點行為，前後兩者的差距即是行為訓練歷程。教師再將這段行為訓練歷程分為好幾個階段，成為管理計畫。如圖 4.1，開始訓練時，每一個階段以提供行為示範、個體模仿，以及增強物獎賞，增強物可以包含學生喜歡的物品或事務、讚美或取消學生不喜歡的事務（這是負增強的作用，負增強亦是一種增強），增強物是促進刺激與反應連結之相當重要的因素；待學生具備該行為後，再逐步增加，一直到學習終點目標行為為止。如果是不適當行為的矯治，仍是以此觀點，但透過訓練歷程，逐步減少不適當行為。

圖 4.1　行為改變技術之管理計畫流程圖

技能方面的學習

　　把行為改變技術的原理應用在技能內容的學習，也是具有效果的。教師檢視學習內容，除了知識、情意外，許多技能的訓練也相當重要。教師可以設計分階段的教學活動，並在活動中以教師示範、學生模仿、教師獎賞增強等循環歷程，讓學生逐步練習，最後學會技能的操作。舉例而言，學生要學習籃球的三步上籃，三步上籃的步驟可能包含「原地運球、行進間運球、持球邁步、起跳、出手投籃」等，而學生的起點行為可能只是會原地運球，因此，教師就需要將「原地運球」到「出手投籃」的中間轉化為階段化的學習歷程，在每一個階段，教師示範、學生模仿、學生練習，以及教師檢視，若學會後再加上一個動作，以此類推。

　　再者，許多課堂內的學習也包含技巧的訓練，例如：顯微鏡操作、汽車更換機油等等，只要有某些順序或步驟的技巧，都可以採用這種方式進行教學。至於分階段內容分到什麼程度，則以學生的認知負荷為主，亦即學生在短時間能記下的技巧內容就可以是一個階段的內容。

技能的程序性知識

　　行為主義的學習觀點不再僅是強調外在行為的表現、不再僅是毫無意識的動作連結，個體的學習需要融入大腦的知覺，亦即學生需要知道每個步驟的關聯。如果是記憶動作的步驟，是一種低層次的程序性知識，技能成分比認知成分多得多；如果是複雜問題的處理，是一種高層次的程序性知識（請參閱後面所提的高層次的程序性知識），則認知成分比技能成分多得多。

　　技能上的程序性知識是學生在操作動作步驟前能夠記憶與口頭念出動作步驟的要領與順序，亦可以拿來做技能方面的紙筆測驗，測驗學生動作的順序或要領是否記住，這在本書第二章已有說明。

　　當學生知道動作要領以及動作之間的連結，在操作上，肢體動作就會受到大腦認知歷程的指引。如果教師要求學生把大腦的認知歷程在操作前放聲念出來，操作上會比較順利，等到操作非常熟練，大腦的知覺就會退出，這即是自動化的現象。不過，做之前先念程序的做法不一定適用於所有的技能動作，通常適用於不需要面對突發狀況的操作技能。

訊息處理的認知歷程

　　多數的學習可以用訊息處理解釋學習的認知過程，因為學生從個體之外獲得訊息，經過大腦處理，轉變為自己保留或未來可用的知識，其訊息處理的歷程如圖 4.2。再說明如下：

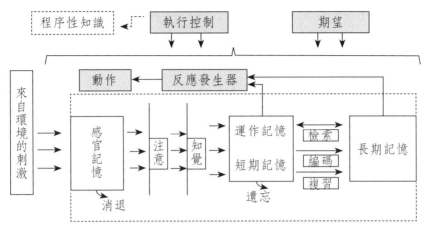

圖 4.2　訊息處理歷程圖（Gagné, 1985）

　　訊息處理理論包含數個階段，第一，個體透過感官（聽覺、視覺、嗅覺、觸覺）獲得來自環境的刺激訊息，可能是文字、圖像、語音或者是酸甜苦辣冷熱等刺激，進入到大腦的感官記憶中，如果感官記憶沒有知覺到該訊息刺激，也沒有去注意，這些訊息刺激很快就會消退。讀者可能忘記昨天吃過的午餐中包含些什麼食材，或者忘記上個月星期三穿過什麼樣的衣服，甚至從你家開車到學校或公司經過多少次的紅綠燈路口。

　　第二，當個體特別注意或訊息刺激特別讓個體產生知覺，可能是車禍事件、喜悅的事或者是特別有重點註記的文章，個體會花一些心思察覺，此時，訊息會進入到運作記憶中。

　　第三，此時，大腦會檢索長期記憶中有哪些印象、圖像或訊息（可以稱為先備知識或經驗）與新進來的訊息相關類似，就會進行對照比較。如果對照比較得宜，我們可以說個體已經「理解」外在訊息；如果對照比較略有不合宜，個體就可能產生誤判或誤解（迷思）；如果大腦內沒有任何相關的訊息可以對照比較，個體就會對新訊息感到陌生。

　　第四，當對新訊息理解之後，就要常常練習或複習，常練習或複習可以讓新學到的訊息進入到大腦的長期記憶，擴充未來學習的先備知識，未來只要有相關的訊息刺激，大腦就會自動檢索這些先備知識，進行對照比較，也較不會遺忘。

　　第五，如果是複雜的訊息，大腦就會先選擇部分的細節，以上述第一到第三階段的處理運作，處理運作後暫時放在短期記憶中，再選擇另外一部分的細節，如同先前方式處理，一直到所有訊息都處理完畢（也包含先前處理後的小細節的內部對照比較），才以編碼策略協助存入大腦中。編碼策略即是協助學生處理複雜訊息的策略，包含口訣、關鍵字、摘要、心智圖與各種記憶術等。

　　第六，有些複雜訊息需要外在行為表現，此時便會啓動「執行控制」的功能。如同上述第五點，個體處理完部分細節訊息以及知道要用何種行為表現後，先置放在「反應發生器」，各種細節均先後完成處理與置放在反應發生器之後，「執行控制」便會安排哪些動作優先表現，哪些動作延後表現。舉例而言，一個學生接收到會考、學測或者是任務的題目說明時，會先思考某一個情節，轉化為動作知覺，之後再思考另一部分的情節，再轉化為另一個動作知覺，以此類推，之後，一一表現出來。其他像完成一份旅遊計畫書、解決一個複雜問題，都是屬於這類型的訊息處理。我們可以稱這些為程序性知識，這即是先前提及的高層次的程序性知識，有別於低層次程序性知識的技能操作之步驟記憶。

　　第七，整個訊息處理歷程受到個體「期望」的影響，如果個體有強烈動機或受他人影響產生動機處理訊息，亦即有達成某種目標的特殊動機，就會在前六個階段的處理上更有效。這包含對訊息更有注意和知覺、檢索大腦先備知識更明確、編碼複習愈順暢，甚至在複雜訊息的細節處理安排上更有知覺，最後，學習不僅理解和擴大先備知識，也具備許多高層次的程序性知識。

理解是透過訊息的對照比較

　　學生理解新知識是透過大腦內早有的先備知識與新接收的訊息進行對照比較，這種對照比較並非文字上的對應，而是意義上或心像上的比較。因此，當學生對於新訊息不甚理解時，很有可能就是先備知識不足或缺乏生活經驗可以去解釋新訊息。

　　舉例來說，當學生閱讀到課本某單元內的「印象派」三個字時，他的大腦就自動檢索「印象派」在心中的圖像，如果這個學生曾經聽過他人講解「印象派」的圖畫作品，就可能馬上知覺「印象派」的意義；如果學生毫無此經驗，那就無法理解印象派的意義，或把類似的心像檢索出來，例如：蘋果派，而產生不正確的連結與推論。也有另一種情況，亦即先前經驗不夠充分，只聽過印象派，但不理解細節（例如：印象派強調人對外界物體的光和影的感覺和印象），因此在推論新資訊時，無法產生完整的連結，亦即新意義不易產生。

　　而逐漸地，當學生不斷地透過正式學習或非正式學習獲得許多有意義、有意識的想法，也不斷地學習更複雜的知識，原本那些有意識的想法逐漸轉變成無意識的運用，這也就是有時學生也無法察覺訊息處理的歷程就能理解新事務之原因。

　　不過，學生不一定會把所有呈現在眼前或教師講解的內容完全接收進入大腦運作，選擇的細節如果有疏漏或未將重要細節選入，即使大腦已有先備知識，理解情形仍不佳；反過來說，如果關鍵訊息已被選入大腦內運作，而檢索先備知識時不夠充分，理解情形一樣會不好。因此，選擇重要訊息細節以及檢索大腦內對應的先備知識或策略，對學習理解相當重要。

　　有一些高層次能力，例如：批判思考能力或問題解決能力的培養，就需要這些關鍵細節的選入，否則可能就會誤判。相對地，教師在進行教學時，要能檢測學生是否具備足夠的先備知識，而在喚起先備知識時，也要有足夠的引導讓學生自我檢索大腦內的先備知識。

複雜知識的理解需要推論

上一節點所提高層次能力培養的訊息處理，在起初階段需要涉及關鍵細節資訊的選入以及先備知識的對照，以便進行理解，而如果要產出任務或解決問題，訊息處理過程中便可以需要推論，亦即由已知提出未知，理解對照後進行推論，產出先前未知的觀點。

推論不僅有較多的細節訊息需要處理，個體也需要一些推論的策略應用，也包含自信心的作用。推論時不宜加入主觀意識，也不應該把偏頗或不正確細節加入對照比較。當學生看到一則某總統候選人競選的新聞時，如果加入個人對該候選人或所屬政黨的刻板印象，推論就會不合宜。反過來說，如果細節對照比較之後，在產生新觀點時太過謹慎，缺乏自信，也無助於理解複雜的訊息。

再舉閱讀爲例，當學生閱讀整篇文章，需要在每一個段落之每個句子進行閱讀，如同上一段所說對照大腦的舊知識（語彙）進行理解；再者，整段文字閱讀後，整合關鍵句子推論成新意義，可能僅是一句摘要文字，暫存在大腦中或書寫在紙上；如此重複閱讀段落，在這其中，大腦就需要把來自每個段落的新意義再度連結。不過，複雜訊息連結時，可能需要外加另外的舊知識（例如：認知策略或方法）協助，才能促成段落大意的推論以及整篇文章文意的掌握與理解，甚至在大腦裡面建構文章的脈絡。

另外，推論不僅是運用到先備知識，也需要應用一些原理原則爲基礎。例如：學生能預測颱風的行進路線，是因爲瞭解氣壓、水溫和颱風的關係；學生能判斷新聞標題中的字句不一定是事件的眞實樣貌，因爲他們可能也知道聳動的新聞標題是用來吸引讀者的新聞通病。

上述情形經常發生在學生的閱讀理解測驗，一篇故事、事件、狀況或情境包含許多的細節訊息，學生不僅要理解每個細節訊息，也需要將這些訊息進行組織、整理或分類。當閱讀題目後會選擇錯誤的答

案，不外乎是沒有掌握關鍵訊息、缺乏先備知識或經驗、加入主觀意識，以及缺乏知識的原理原則。

學生知識理解與自我建構

如果教師運用直接教學法，亦即講解教材時，先指出學習新教材內容所需要的舊知識，並且指導學生新舊知識的對照比較，之後，再逐一提出較高層次的教材內容，這是訊息處理理論（或認知主義）的實務應用原則；但如果教師先提出教材內容，而以問題發問的方式喚起學生的先備知識，並以具體的問題引導學生對照比較新舊知識的關聯，最後學生自己講出或自我解釋新教材內容的意義，這是屬於建構主義的教學原則。兩者的相同點均需要考慮教材逐步結構與學生的先備知識，而兩者的差異點則在於前者屬於教師直接講述，稱之為直接教學法；後者則是教師以問題搭鷹架，間接地讓學生自己產出知識，稱之為建構主義教學法或是間接教學法。

建構主義發展出許多教學方法，例如：問題解決、批判思考、創意思考等，上一段僅是舉出一例，建構主義的教學都是以「讓學生逐步建構知識」而設計，教師瞭解教材結構，進而知道知識的新舊關係；教師瞭解學生的起點或先備知識，進而設計鷹架式問題；教師瞭解複雜知識與高層次能力培養所需要的知識層次，協助學生由低層次知識建構到高層次知識。

學生在上述的知識建構之歷程中，以 Piaget 提出的基模同化論為基礎，以既有的基模擴大解釋外在事務，基模會隨著知識學習的增長而逐漸增大。學生如果無法自我建構知識，可能的原因在於缺乏先備知識或經驗，特別是經驗。從另外一方面來說，因為學生的經驗各有不同，只要能合理解釋外在事務，都是屬於自我建構的範疇，亦即應給予學習上的肯定。因此，建構式的教學不會有單一思考歷程，也因為學生各有不同的經驗，在引導上，教師就需要花許多心思瞭解學生的想法。

　　學生自己建構的知識會比教師直接講解的還記憶得更久，也較多能活用於日常生活中。

 學生與他人對話後的理解

　　Vygotsky 認為知識的學習不能僅是個體自己的大腦運作，知識是經由自己與他人互動對話而來的，這即是社會建構主義的論點。在學習上，學生先有自己的觀點，再聆聽他人的內容後，與自己的觀點進行對照比較，進而擴大、改變或調整自己原有的想法。簡單來說，會經歷「組織、表達、聆聽、比較與建構」等歷程。值得提出的是，在對話之前，務必要先有自己的觀點，如此才能對照比較。

　　如同先前所提的知識理解歷程，社會建構主義的教學歷程只是來自教師的教學引導轉變成同儕之間的對話。不過，因為同儕對話不如教師對教材內容的掌握清楚，學生在對話中就更需要判斷才能理解。因此，每位學生先組織或寫下自己的想法，教師檢核確認學生的觀點符合教材內容後，再進行同儕對話，知識建構的效果會比較好。

　　在本書第三章第一節內容提及同儕討論的教學策略，此節點即是它的學理基礎。在素養導向的教學活動設計上，同儕討論或小組討論可以擴大學生的思維，教師可以再設計小組合作或訪查等高層次的學習任務。這些高層次學習任務的執行上即需要採用對話與思考的理解歷程，換句話說，教師在設計這些高層次任務前，務必確認學生已經具備同儕對話與討論的能力，也能知覺此策略的運用時機。

 學習：技能訓練、知識學習、知識建構

　　綜合第一節的內容，學生學習包含技能訓練、知識學習、知識建構，但無論如何，大腦的運作顯得相當重要。學習者需要從新訊息選擇細節進入大腦中，再檢索大腦裡面的先備知識或經驗，相互對照比較，之後進行驗證以確認新訊息的意義、擴大既有的知識，並促進更深一層的理解。當訊息量超過心智可以處理的範圍時，就需要分階段

進行上述的選擇、檢索、比對之心智動作，最終再把分階段處理的新資訊連結起來，建構複雜資訊的心智結構。從諸多學習理論來看，訊息處理理論以及所引發出來的「先備知識、對照比較」是學生學習理解的重要根本，之後將「先備知識、對照比較」擴大到教材結構、同儕對話、小組任務等層次，即是學習由低層次到高層次的歷程。

　　瞭解學生的學習理解歷程有助於教師設計教學活動，也有助於教師觀課時的察覺。另外，當教師集體議課討論到學生的學習表現時，這些學習理解的原則便成為教師指出學生學習困難的基礎知識。

　　不過，本節僅提到大腦的運作與訊息處理的作用，學生學習還涉及其他心理層面的因素，教師要能整合考慮之。另外，不同的知識類型（例如：文學、歷史、數學、藝術等）有其特定的教材內容結構，因此，不同學習領域略有不同的訊息處理與思考模式。另外，不同學生為何會有不同的理解結果，原因涉及所選擇新舊資訊的質和量是否足以形成有意義的連結。

第二節　各領域知識的學習理解

　　本書第一章提及教材知識內容結構，指出知識的階層（核心知識、策略性知識）以及各學科領域有不同的重點，上一節再提及學生學習理解時之訊息處理的過程，不過，教師仍需要知道學生在各領域知識的理解過程。

　　另外，幾乎所有知識都涉及到「文字敘述內容」和「體驗動作內容」這兩類。若從學科知識學理基礎區分，也考慮十二年國教課綱以及教師和家長明顯關注的領域知識而論，教師可以分別在語文、數學、社會、自然等領域探討學生的學習理解；不過，如果先不論學科知識領域，而以學生學習理解的歷程與方法而言，則以「文字敘述」學習內容和「體驗動作」學習內容之兩個分類作為區分。若以「文字敘述」和「體驗動作」而言，那些無法列入學科知識的學習內容（例

如：新聞上的一篇文章、服務學習等），就可以用這兩類的學習理解基礎去思考教學活動設計。為讓教師容易對照學科知識瞭解學生的學習歷程，本書仍先以語文、數學、社會和自然科學等領域先做說明，之後，再以「文字敘述」和「體驗動作」論述之。

語文：閱讀理解

　　閱讀理解涉及兩個因素，第一是過程，第二是知識。若要察覺學生的閱讀理解情形，兩個因素都需要考慮。

　　閱讀理解的過程因素包含文字解碼、檢索長期記憶去形成文義、推論與統合，以及理解監控，這過程不僅於文字的閱讀，也包含語音的聆聽。解碼是閱讀的基礎，能夠將一段文字分割成許多有意義的文段，以利後續理解該字詞的意義；之後，檢索長期記憶中的先備知識，進而理解該字詞的意義；再將所有的文句意義進行組織與整合，推論該句子或段落的意涵，也可能進行摘要或精緻化的複習過程；最後，自己察覺全文的關鍵重點和較難理解的段落，可能再度閱讀，運用上下文推論或者尋求其他資料對照。

　　閱讀理解的基礎知識因素即是字詞的意義和與閱讀內容相關的領域知識，簡單來說，如果學生不瞭解字詞的意義，可能就無法進行文字解碼。在學生對字詞的意義理解上，字詞本就是符號，幼兒要從具體物轉由符號，教師需要提供物品（例如：蘋果）或擬真的圖片（例如：山的圖片），並加以解釋，讓學生對物品與符號產生連結，以後看到符號便在大腦中產生心像。再者，學生也開始加入拼音，由聲音瞭解字詞的意義，也增加識字量，最後自動化，不再產生心像，而是以抽象符號進行思考。

　　另外，如果學生欠缺所閱讀內容相關的領域知識，亦即長期記憶無存在相關先備知識，就會產生檢索與推論困難；若具備閱讀相關內容的領域知識，在文章的推論便比較容易，這也是時下許多教師討論的「誰來教閱讀理解」可以考慮的因素。如果由語文教師指導，那像

是科普文章或社會議題新聞，就可能會受到閱讀理解之相關知識因素的影響；如果由各領域教師指導，那各領域教師得要先瞭解閱讀理解的過程因素所發展的策略。

💡 語文：寫作

　　寫作對學生、甚至對人們而言都相當重要，那不僅是一種學習某個知識的結果，也是讓人們可以在某些特定領域上論述知識的能力。透過寫作，可以讓人們不斷檢索與思考先前已經存在的背景知識，並可能與新議題整合，擴大自己的思維，產出更新穎的觀點。要提升寫作能力，並非只是讓學生自由寫作或是進行文法和語句結構的教學就好，文章的核心主題是讓寫作產生意義的關鍵要素。

　　寫作涉及兩個面向，第一是內容，第二是技巧。兩者交互作用，讓寫作的過程顯示意義，寫作的結果便形成一種思維。

　　在內容上，包含思想、思想的組織、措辭的程度等；在技巧上，是指寫作的文體架構，例如：描述性、論說性、抒情與應用性的文體之技巧。有些教師指導寫作時過度在乎文體架構，所寫作出來的文章多呈現體例，而失去思想的靈魂。因此，內容與文體在寫作指導上都相當重要。

　　學生要寫出一篇文章，先建立主題思想，也可以是一種大思維，這主題或大思維包含次要概念或次主題思想，教師需要協助學生組織次概念或次主題。例如：一篇遊記想要呈現快樂的思維，快樂就是主題思考；其次，快樂的細部感覺（超過自己心理預期、身體上的動作……）或產生的過程（期待、經驗、滿足……）可以成為次主題，也因次主題的強度不同，所使用的措辭也不同。再者，在過程中加入文體技巧的運用，例如：起承轉合。寫作的內容與技巧不可以分開指導，從寫作開始到終點，內容與技巧不斷被學生交替察覺與運用。

💡 數學領域

　　數學不只是一種功能性的技巧，和閱讀理解一樣，也是一種理解世界的重要能力，數字和量的概念與文字一樣，成為傳達生活經驗或故事的基礎。例如：學習線性和非線性函數可以探討某個數量的發展與衰退的情形、學習統計可以協助學生瞭解許多政策的決定、學習機率可以思考生活許多事件成功的機會。學生學習數學不再只是計算上的結果時，就可以用數學說故事和解釋生活事件。

　　數學的學習理解也包含兩個面向：概念與程序性知識。數學概念包含三角形、質因數等內容，而程序性知識則是解題程序與策略的知識，這其中還包含數學符號的理解與應用。

　　學生要理解數學基礎概念，得要透過圖示的觀察，特別是要掌握到概念的屬性（定義、細節）。學生對於概念若無充分掌握到概念的屬性，可能就會有迷思概念，例如：質數的定義是一個正整數，除了本身和 1 以外並沒有任何其他因子，學生需要掌握「正整數」、「只有本身和 1 是因子」的屬性。學生對於概念的理解並不困難，只要教師指導時能夠先行瞭解學生可能會有的迷思概念（迷思概念請查閱本書第一章），比較困難的是這些概念何時應用？如何應用？若僅純使用記憶的方式，遇到複雜題目就無法解題。

　　學生要能理解複雜數學題目需要：(1) 計算能力、(2) 蒐集與題目相關的資料和成分、(3) 運用策略，共同組織成一個解題程序。例如：爸爸給大華一些錢，大華買 600 元的鋼筆，用掉了五分之三，爸爸原來給大華多少錢？在這個題目中，「600 元鋼筆」、「五分之三」等是重要「成分」，學生解題時使用畫圖的方式協助理解是「策略」，之後，學生完成思考的程序，再「計算」出來。如果成分屬於某個數學概念（先備知識），學生若對概念不理解（以此題而言，學生不瞭解五分之三的意義），就難以形成「策略」與「程序」，當然就無法解題了。

💡 自然科學領域

　　物理或自然現象的細節是自然科學領域的重要核心知識，而學生要理解這些現象需要透過豐富的體驗，包含觀察、實驗、測量以及資料的蒐集、預測、比較、討論、分類與形成決策。學生在體驗或察覺這些現象時，需要關注到各部分細節。一個三年級教師指導學生鳥類動物時，可以讓學生觀察實際的鳥或圖片，儘可能把關於鳥的屬性（有翅膀、有羽毛、有硬硬的嘴巴、有雙足……）指出來，學生配合觀察與教師的語言講解，就會知道鳥的概念。

　　另外，學生若要察覺自然現象，除了觀察外，有些需要動手做實驗，從實驗中觀察與測量。不過，教師得要先行指導學生動手做的目的，切勿將實驗變成一種勞作工作，例如：教師要求學生組裝電路板，要讓學生知道為何要如此組裝以及電路相關的原理，教師一定要確認學生已經知道要做什麼，才讓學生動手做。

　　學生動手做對於學生理解科學知識相當重要。學生動手做時，手部知覺、視覺與大腦的訊息處理共同運作，比較能深度理解。之後，教師再提出問題，引導學生思考數據或資料之間的關係，可能進行對照比較，也可能進行推論或預測，亦可再透過同儕討論，逐漸培養學生的科學之心智能力。

　　因此，在科學活動中，科學知識的理解與能力的養成是透過事實性的資訊去發展概念、瞭解因果關係，以及組織與發展科學原理原則。在其中，提供豐富的經驗或動手做的機會是促進科學知識理解的重要關鍵。

💡 社會領域

　　社會領域知識包含許多內容，例如：經濟、歷史、法律、文化、地理、政策、心理宗教、考古學、人類學等，而在中小學教育階段則以歷史、地理與公民三大類型進行知識區分與統整發展。

　　歷史事件的發生歷程、因果事件的對應、事件產生的效應，以及跨越時空事件的連結等，是歷史學科重要的核心知識；地理相關學科知識之重點則在於地形、氣候、人文等，由描述和分類轉為功能；公民則是人們生活與社會現象轉成法律、道德與各種規範。學習社會學科知識就在上述的內容中，以時序、空間、文化、資源和符號系統等五種要素，理解人們的生活經驗史，包含經濟、文化、環境，以及特定時空的族群。學生在學習過程中也練習與應用溝通、科技，以及分析的技巧，發展社會察覺的信念與能力。

　　學生對於歷史事件的理解來自於歷史事件中的事實描述（透過影片、歷史資料、古蹟、新聞、書籍、轉述等）、察覺關鍵細節、關鍵細節的相關性，進而產生因果與影響關係。學生如果具有跨時空的思考能力，就比較容易察覺關鍵細節的關聯；學生若再能具備關鍵細節推論的能力，對歷史事件的掌握以及未來情境的預測就會比較貼近真實與深入。

　　學生對於地形、氣候與人文等地理知識的理解是透過個人的體驗和對差異的知覺，進而理解人們與環境之相互關係。然而，地理之廣大浩瀚，無法讓每個人都親身體驗，轉而由影片、書籍、演講等活動，獲得替代性經驗學習的機會。而地理相關知識中的功能，例如：都會、人文活動的理解，則透過符號或數據的呈現，去比較、預測、推論、判斷、批判思考，進而獲得更高層次的內容學習。

　　而公民知識理解之目的在於透過相關議題的探究，協助學生發展具有教養的公民。因此，在知識的理解上是藉由文化、組織與規範的概念，探討人民生活的價值。前者如同歷史和地理學科，以影片、新聞或書籍為工具，理解核心知識；後者則透過討論與探究，在心智上建構良性社會生活的樣貌。

　　不過，基礎知識的學習雖然可以區分為歷史、地理與公民知識，但多數的社會議題是統整這三個學科知識而產生的，要學習這類型的社會學科知識，可以透過真實問題的探究、研究議題的設計等高

層次思考的任務，讓學生去分析、綜合與評估議題中的相關細節。

以文字敘述內容為主的領域

　　無論是哪個領域的知識，均有以文字敘述為主的學習內容，除了上述提到的語文、數學、社會與自然科學領域外，例如：健康與體育領域的「性侵害」之概念理解、綜合活動領域的「食品安全」，以及藝術與人文領域的「色彩理論」與「文化保存」等學習內容均屬之。這類型的知識主要是透過聆聽、觀察、提問、對話與思考，亦即教師提供教學素材（文字、圖像與實物），可能再透過具有層次的提問，學生透過訊息的接收，再與大腦內先備知識或經驗的對照比較進行理解，並且逐步產出新的或更高階層的知識。

　　再者，這類型的知識內容組織是從相當具體到相當抽象，相當具體的文字內容可以從實際的物品觀察，學生將文字內容與實際物品進行對照與連結，學習便能理解；半具體半抽象的文字內容可以藉由圖像影片進行理解，教師需要提示，也需要面面俱到的細節指引，學生才能將擬真的畫面與文字敘述的內容進行連結，學習才能理解；而抽象的文字內容得要透過基礎內容的理解，之後，再透過這些內容的組織、推論、比較、分類等策略，產出更高層次或更抽象的知識內容，舉凡哲學思維上的推論都屬這類型的知識。

　　學生也可以透過自己閱讀進行理解，不過，這也涉及到學生的閱讀理解能力。因此，教師在設計這類型的教材內容時，也需要考慮到閱讀理解的教學策略，本節先前提到的「語文：閱讀理解」之內容都可以參考。

以體驗動作內容為主的領域

　　如同以文字敘述為主的學習內容，以體驗動作內容為主的知識領域，也內含語文、數學、社會與自然科學領域之知識，不過，體驗動作的知識學習更強調在體驗或動作練習中獲得。例如：健康與體育領

域的「游泳」之學習內容、綜合活動領域的「人際溝通」，以及藝術與人文領域的「角色扮演」與「指揮技巧」等，這類型的學習內容若缺乏體驗與動作練習，僅由文字上的理解，是無法學會的。

學生在這類型知識的學習，不是純爲視覺上的訊息接收，而是透過視覺、觸覺、聽覺等多重感覺接受訊息，再經過身體動作的表現，連結大腦神經系統轉化爲大腦的心智運作，未來在實踐這些行爲或動作時，就可以由大腦神經系統指揮肢體動作，進而表現出來。若再經過無數的練習，動作就會自動化，表現該動作時，大腦的心智運作就會減少。

教師在設計這類型的教學活動要有「全觀」與「細節」上的考量，全觀包含整體的表現與體驗，細節則是步驟技巧以及足以讓學生獲得心理感受的關鍵要素。舉例來說，在全觀上，教師務必要知道「人際溝通」是需要透過情境任務的安排，讓學生體驗人際溝通的衝突、問題處理，以及發展良好的溝通模式；而在細節上，就得讓學生面對衝突情境，衝突情境的設計是關鍵，要讓學生有所感覺，學生便可以在衝突情境中體驗與察覺，也可能產生極大的認知衝突，進而發展解決人際問題的技巧。

再者，有一些非常強調動作技巧的學習內容，教師在此動作技巧上的步驟指引就需要相當關注。可以運用「先見林、再見樹，之後再見林」的原則，學生先對全觀的動作技能進行觀察，先在大腦建立全觀的映象，這在學生學習各部分細節時，大腦會主動將部分細節與全觀映象連結在一起，有助於學生學習；之後，全部細節均操作練習完畢後，便可以透過全觀的映象建立此動作技能的程序性知識。不過，值得一提的是，教師在提供全觀的映象時，務必要指出關鍵細節，否則，學生的觀察焦點不同，若未能關注到重點細節，可能會產生誤解。

各學習領域略有一些特定教材內容要素

　　即使教材內容要素可以區分爲事實示例（含屬性與主題）、概念和策略性知識，但是除了在各領域的名稱略有不同外，某些領域也有一些特定的主題內容。

　　國語文領域包含文字篇章、文本表述和文化內涵等三大主題，特別在文字篇章之內容上提及字詞、句段和篇章。「字」的音和形是屬於事實層次的知識，那是感官可以直接察覺，無需要經過大腦思考；「詞」和「句段」的釋意需要被解釋，因此屬於概念層次的知識；而段落大意或全文主旨需要將許多不同意義的段落進行連結思考，並可能產出更統合性、更抽象性的主旨，這即是策略性知識的層次。英語領域的教材分析與國語文領域大同小異，略有不同的是，英語領域應多強調以情境爲主的主題，例如：寫日記的單字與文法和談判用的單字與文法，就會因情境而有不同的用法。

　　數學領域有許多的符號、數字、計算技巧、函數、公式等有別於其他領域的特殊元素，只是感官可以察覺、不需要經過大腦思考連結的，我們都列入事實示例的層次知識（例如：三角形有三個邊），而透過一些動作步驟的組合並連結思考的是技巧（等同於概念層次）的知識，例如：繪製一個正方形或者計算正方形的周長；而許多的概念與技巧的關聯即是策略性知識的層次，「怎樣解題」便是。教師在瞭解學生的學習歷程時，可以藉此察覺學生在感官上、在思考上或在動作技巧上的學習情形。

　　社會領域強調統合性的知識關聯，有時候是單元內，有些時候是不同的單元或學科間，例如：「生產與消費」是單元內兩個概念的關聯，而山地（自然環境）、土石流（自然災害）及茶葉生產（經濟活動）是屬於不同單元間的關聯。這些關聯性知識即是屬於策略性知識，學生在這些策略性知識的學習是透過「聯想力」。因此，老師需要將不同的概念與其屬性讓學生充分明白，再提出關聯性問題鼓勵學

生聯想與擴大思考。若有時間，再讓學生分享與自我調整。

自然科學領域則有許多定理、定律，定理具有一般性的應用，不受時間影響、抽象、不受情境限制或可被不同的情境支持之特性；而定律則是透過嚴謹的實驗與觀測所得到的結果。定理、定律都是屬於策略性層次的知識，內含許多概念的關聯的結果，學生在學習這些定理、定律時是建立概念間的關聯，若僅是記憶或背誦，在不同的情境下都難以去運用它。

本章小結

教師要具有教學成效與改善學生學習品質，不能僅是在乎教學活動如何設計，而需要多加關注學生的學習；也不僅要關注學生的學習表現，最好還得察覺學生的認知歷程，亦即教師要知道學生是怎麼想的。在那之前，教師得知道學生的學習理解歷程。

幾乎所有的學習理解都涉及到訊息處理，無論是簡單的動作技能學習也需要知道技能步驟的連結，或者是高層次的知識建構，學生對於學習內容之訊息接受、處理，以及儲存成為下一個知識學習的先備知識，都是值得教師關注與觀察的焦點。

教師可以藉由訊息處理的各個階段轉化為教學活動，例如：教材如何獲得學生的注意與知覺，教師可以設計具有鮮明文字或運用動畫影片；如何促進學生對於新教材的學習理解，教師可以從學生的先備知識引導起；而如何培養學生複雜問題的處理能力，教師就需要分段指導，再讓學生統合連結。

不過，不是教師怎麼教，學生就怎麼學，教師可以利用觀課的時候，察覺學生在哪一個認知歷程遇到困難，例如：是否不夠專心聆聽，導致訊息接受不完整？是否缺乏先備知識或具有迷思概念，導致對照比較新教材時產生理解困難？也是否因為訊息過於複雜，學生無法分段思考與統合連結？瞭解學生的學習理解與認知歷程，是教師察

覺學生學習困難的重要專業能力。

參考文獻

Gagné R. M. (1985). *The conditions of learning and theory of instruction* (4th ed.). New York: Holt, Rinehart & Winston.

教師讀書會可探討的問題

1. 根據本章的內容，學生學習過程會經歷具有學習注意力的訊息接受階段、與先備知識的對照比較階段、再儲存於大腦的記憶階段。請以某一個教材概念或原理為例（例如：颱風的生成），描述上述三個階段轉化為教學活動的步驟或上課教師的語言。

2. 各領域知識的理解大同小異，相同的是訊息處理，相異的是領域教材重點不同，也可以說，前者是方法、後者是內容；再者，複雜的訊息處理需要分段，而每一領域教材均有需要高層次認知處理的內容（語文是「寫作」、數學是「解題」、社會自然與其他文字內容是「推論」、動作體驗是「全觀察覺」）。請各領域教師取其一，並且指出如何分段指導讓學生學習理解？之後如何讓學生具有高層次認知表現？

第五章

診斷學生的學習困難

　　不管大學或中小學，班上總是有些學生無法跟上學習進度，特別是語文、數學或科學，甚至有一些學生缺乏基礎字彙與運算技巧，導致學習毫無任何成效可言。部分學生不想專注，因爲他們嘗試過，但也不斷挫折過，後來知道即使專心聆聽，仍然很難理解教材內容；部分學生雖然看起來參與學習，其實他們可能只是不想讓教師或他人覺得他們不專心而已；另外，部分學生試著想要瞭解教師所講的內容，但他們的大腦運作卻充滿了障礙。即使成績名列前茅的學生，對於教材和教師所說的內容，也可能有難以理解之處，只是他們勇於發問或者具有學習策略去找尋答案。而對於那些學習困難的學生，他們可能不知道怎麼發問或解決疑問，教師要能察覺他們的困難。

　　值得一提的是，學習困難與學習問題不一樣，學習困難起自於對學習知識的不理解，但如果不去解決這個困難，就可能只是強迫記憶，到更高層次的知識學習時就無法理解，甚至放棄學習，那時學習困難就變成學習問題了，這也可以解釋爲何有些高成就學生學習到更高年級之後不再有高成就表現的原因了。

　　我先前那本《素養導向的教師共備觀議》中提及觀課以觀察學生爲主，而我這兩年來參與許多教師的觀議課活動，教師也逐漸轉化進班觀課的焦點爲關注學生的學習表現；然而，部分教師雖然記錄了學生的學習行爲，也靠近學生觀看學生在學習單書寫和聆聽學生同儕討論的聲音，卻在推論或解釋學生學習理解上有些困難。當教師無法診斷學生學習困難之原因，就無法提出合宜的教學策略或調整教材教法以協助學生學習得更好。因此，診斷學生學習困難是教師在觀課與議課中相當重要的任務。

　　學生學習困難不僅限於知識的學習，屬於個人層面的學習動機、自信等，以及屬於互動層面的社交關係與團體歸屬感都影響學生的學習。然而，教師如果不察覺，可能會誤認爲學生學習不努力，因此教師要能發揮教育專業，不能誤判學生學習表現困難之關鍵點，這也是不同領域的教師可以進班觀課的原因（協助觀察學習參與度與社

交互動關係）。

　　值得一提的是，學生的學習理解歷程相當複雜，無法完全切割屬於知識學習或非知識學習的因素，本章將知識學習與非知識學習的因素分開說明（有些因素還具有這兩者的關聯性），僅在於協助教師診斷學生困難之原因。實際上，部分學生可能同時受到某些因素的影響，教師在診斷學生困難時宜綜合所有因素進行思考與判斷。

第一節　學生在知識學習上的困難與可能原因

　　本書第四章提及，學生的學習理解之核心是新知識與先備知識進行對照比較，當學生缺乏先備知識，對新知識就難以理解，只能強迫自己記憶背誦。記憶背誦的知識容易遺忘，而當知識愈來愈複雜而難以記憶背誦時，更無法用先備知識理解新知識，學習便愈來愈困難。

　　另外，智力雖然影響學習，但若以不是很艱難思考的教材內容而言，智力的影響甚少。排除智力因素，一般大學或中小學的教材知識內容，學習成效或學習困難可能來自下列原因。

缺乏先備知識來自先前不當的教學活動設計

　　這是指絕大部分的知識學習需要先備知識，卻在之前的先備知識教學活動時，因為不當的教學活動設計，並沒有讓學生掌握到重要的知識內容，導致學習新教材時，學生欠缺先備知識而無法連結思考。大致上，至少會有以下兩種情形：

　　第一，有些教師為了激勵學生的學習興趣，設計非常活潑的教學活動，例如：遊戲、競賽或使用科技設備。然而，學生在學習過程中可能在乎遊戲規則與競賽得名，或者是僅在乎科技設備的操作，教師又忽略檢核學生的核心知識，導致學習成效不佳；但由於教學過程活潑，且學生興趣高昂，教師和學生卻可能知覺教學有效。如同〈本書導讀〉中提及，教師經常誤解「教師怎麼教，學生就怎麼學」，

因此，即使教師採用建構主義或者是可以促進學生學習動機的教學活動，也不能排除核心知識的講述與評量活動，至少需在建構式教學活動後確認知識的建構情形。

其次，操作、練習或複習不足或不當。先前提及，知識的學習需要經常複習，才能進入大腦的長期記憶中，愈複雜的知識愈需要如此，而愈低成就的學生更需要如此。部分教師可能在乎教科書的進度，也可以因為部分家長或有些教育理念提及不需要指派回家功課，而讓學生欠缺核心知識練習複習的機會。教師得要從教育專業的角度，思考如何提供學生適當、適量且對學習新知識有效的練習和複習活動。

在缺乏先備知識的學習診斷上，教師可以在學生學習時，特別是書寫講義或學習單時，靠近學生觀察。若發現學生對某個題目一直想很久，或者是先備知識的應用有錯誤，可能就是因為欠缺先備知識，而無法理解新的學習內容。不過，至於欠缺哪些先備知識、解題策略、或是缺乏足夠的字彙理解，還需要多元資料整合判斷。

缺乏先備知識來自先前不當的課程內容分析

如同上一節點所提，大部分的知識學習需要先備知識，但學生學習困難可能也來自於教師備課時沒有掌握到核心概念的屬性（關於屬性，請查閱本書第二章）。表面上，教師對核心概念已經講解，但不夠充分，導致學生對此概念充滿了迷思。例如：教師可能拿一個柱體講解柱體的體積是底面積乘以高，然而，教師在講述底面積時，手就指著柱體的底面，最後學生誤解成底面積的底面永遠都是底面的那個平面。如此，導致在學習新知識時，由於先備知識未能充分掌握，學習成效就不佳。

根據學生學習理解的原則，教師的課程內容設計要從學生的起點開始，教師需要充分瞭解所教授單元的教材知識結構，以便建立新舊知識的關聯性。在新教材內容教學活動的起初，就要先從先備知識開

始講起。然而，如同先前提及，部分教師可能在乎教科書的內容與進度，也忽略新舊知識的關聯。另外，課程內容設計要能連結到學生的生活經驗，否則知識內容難以理解，不僅欠缺學習成效，也可能逐漸失去學習興趣。

上述兩段提及教材內容的備課時要注意知識概念之內部與外部的問題，概念內部是關於屬性的充分掌握，概念外部是指知識結構中相關概念的水平與垂直的連結。

除了先前節點提到教師利用觀察學生學習和書寫的情形外，**在缺乏先備知識的學習診斷上，教師也可以設計核心知識的誘答題目和運用先備知識才能解題的題目之階層性題組**（請查閱本書第二章），再讓學生於課堂中書寫，觀課教師再靠近察覺學生的學習困難是屬於核心知識的問題，還是新舊知識連結思考的問題。

💡 未察覺學習目的進而對學習無感

先前提及不當的教學設計與課程設計可能讓學生產生學習困難，那是屬於知識理解的部分，而學生對學習無感則來自於知識的應用，學生覺得不知道學習那些教材內容的目的，導致學習無感，**在教學的第一分鐘開始就不願意參與學習或不夠專注**。愈來愈多次之後，便感覺到知識學習困難重重，更合理地自我認為學習無感，最後放棄學習。

當學生對於學習無感時，更會以小事為由而不願意到教室學習，例如：家中有事要幫忙或身體不舒服，有時候他們也會說服家長讓他們可以不上學。那些家庭經濟狀況不佳而需要外出打工的學生，不一定是真的非外出打工才能平衡生活開銷，教師得要好好察覺是否是因為學習無感，而恰可用家境清寒需外出打工為由，逃避學習？當學生對於學習感到有價值，對其未來生涯有幫助時，他們對於外出打工以平衡家計的想法可能就不同了。

無論是坐在教室內或因小事缺課，當學生學習無感而放棄學習

時，核心知識就會學不好。有些學科知識具有連續性和順序性，缺乏核心知識就無法在更進階的知識學習得更好，最後導致學習困難重重。

在學習診斷上，教師在觀課與議課時可以針對這類型的學生進行討論，這類型的學生通常上課會無精打采，也不想參與同儕討論，對教師所教的內容提不起興趣，成績愈來愈差。不過，不一定在每個學科上課的情形都是如此，對於部分學科可能知覺有助於其生活應用或在自己具有學習成就感，便可能會投入學習，教師在議課時可以請其他學科的教師說明這些學生的上課情形。

教學發展活動轉移間缺乏深層學習動機

多數教師在一堂課的初期階段，可能會說個故事、講個生活事件、或故意安排一些矛盾的情節，以激發學生的好奇和學習興趣，這是經常被認可的「引起學習動機」的方法。學生也可能在聆聽或觀看教師設計的活動後，產生一些情感上的知覺。不過，多數教師也發現，當教師開始進入實際的知識學習活動，學生的學習動機很快便消失，或者是還停留在剛剛的情感知覺上。這是因為學生只有產出情境動機，而沒有轉化為深層的學習動機。

缺乏深層學習動機的原因很多，在診斷上，除了上一節點提到的不知學習的目的或其他下一節會提及的非知識學習的因素外，教師們可以觀察學生在引起動機階段是多麼專心投入，卻在講解教材內容時，那種專注力在一個閃間隨時消失，產生情境動機與深層學習動機落差太大的現象。

這個現象的原因之部分來自先前所提的學生缺乏先備知識，因而難以理解新教材內容，或者是教材內容難以建立關聯性，導致學習動機未維持，而多數原因來自於對教材知識的學習未發現對自己生活的意義，即使對教師先前的引起動機或說明有興趣，但一轉到教材內容，學生立即失去學習動力，甚至信心。簡單來說，先前的引起動機

足以撼動學生的情感與好奇，但後續的教材內容卻可能停留在書面知識的強迫學習上。除了教師的「引起動機」需要與教材內容相關外，也需要讓學生對教材內容產出值得去學習的知覺。

在學習診斷上，教師可以連結教師的引起動機和教學發展活動一併思考，再對照學生的學習行為表現，察覺學生是否一開始很投入，**但接觸知識內容之後卻不想學習，而不是進入學習歷程之後才放棄，**若是如此，就可以推論學生對教材無法產生價值感。若對教材產出價值感，學習動機就會內化，進而深層；若無，則會開始不專注或出現不願意參與學習的行為。

不過，在此還是得強調，上述情形會因人的學習風格、經驗、壓力與文化有關，教師需綜合其他因素一併思考與診斷。

💡 學生對教材內容難以建立關聯性

上一節點提到教師在準備活動與發展活動階段的學習問題，本節點則指出教材內容的接續學習時，學生無法建立這些教材內容的關聯性，**導致學生可能專注學習到一半就開始分心的現象**，而多數教師會診斷注意力不集中、缺乏長時間投入學習的動機、或者是易受到環境因素影響，這些因素雖然也是考慮方向之一，但教材內容的持續理解是不容忽視的。

這部分內容非指出先備知識與新知識的關聯，而是學生無法在一節課內理解教師設計的教材內容之接續或推導流程，亦即**無法從第某個知識點往下學習，產生學習理解的困難**，或者是無法綜合教師上半節課所教導的內容去推論與解題。

在學習診斷上，教師們會發現學生在某個知識點相當投入，也回應正確，或者是在上半節課的基礎知識學習上都學會，學習單上的題目都答對，也主動舉手回答，**卻在難度較高的題目上不知所措**，所回答的內容之失誤令人相當訝異。觀課教師可以觀察學生的學習困難是否是因為先備知識不足，還是本段內容所提及的無法建立教材知識內

容的關聯性。

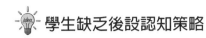

學生缺乏後設認知策略

學生缺乏後設認知策略是指，學生無法將所學習到的知識內容歸納、整理與應用成有系統的學習知識。這並非如上一節點指出的內容接續理解的問題，而是無法察覺某些方法可以幫助自己學習得更好。**這種現象通常發生在教學活動的後段時間，當前教師進行素養導向的教學活動時，往往會提出問題解決或完成某一種作業任務，即使學生都理解教材內容了，卻無法將這些教材內容應用於問題解決或作業任務中。**例如：學生知道各種交通工具的優缺點，卻在安排旅遊計畫時不知所措，或者是學生都知道太陽系各行星的細節內容，卻無法以表格方式進行各種條件的比較。

在學習診斷上，**觀課教師可以發現學生在基礎知識的學習都有合宜且正確的表現，卻在教師提出高層次任務時思考許多，除了自信心不足（下一節說明）外，可能就在學習策略的應用上產生困難。**若此時教學者提示或舉例說明各種學習策略的應用方法，學生便能理解與應用得宜，那早先的問題即是後設認知策略的缺乏。

學習策略也是課程內容的一部分，教師進行課程內容設計時，在檢視教材內容的合宜性後，適時融入學習內容中；另外，在教學活動設計時，也要將學習策略的應用列入教學活動中，必要時以簡單的例子進行示範；最終，教師再提出任務，要求學生應用學習策略。而觀課教師也需要察覺學生的學習困難是在哪一個階段出現問題，並在議課時提出討論。

第二節　學生在非知識學習上的困難與原因

不是每一個學生都如同教師的教學設計一樣，當教師開始進行「引起動機」，學生的學習動機便轉強；或者是當教師將講述活動轉

移成討論活動，學生就會積極熱切地投入討論。部分原因是來自學生對教材內容的理解，但很多原因是來自學生的自信心、學習風格、社交關係、團體歸屬感，以及其他生心理問題。

學習自信心不足影響的學習困難

部分學生對於學習失去信心，這部分以中低成就學生居多，其原因可能來自於家庭、父母、教師或同儕的訊息所影響。例如：部分家庭成員與父母在孩子失去學習成效時，可能也僅會說「讀不上去就去做工吧」、「讀書要有天分，沒天分沒關係」；學生不喜歡教師或同學對自己的生活文化品足論斷，甚至有些刻板印象。上述這些訊息都會影響學生的學習自我效能，轉移到課堂學習時，對自己的知識理解、策略方法的應用以及產出的答案缺乏自信心。

另外，有部分學生相當投入學習，卻對自己所產出的觀點或答案缺乏信心，這些學生往往不敢主動發言或主動操作，也可能在書寫講義或學習單之後，些微轉頭觀看旁邊同學的答案，或在同儕討論時，若發現自己的答案和旁人不一樣，又認定身旁同學平時成績比較好，可能就會改變自己的答案，和身旁同學一樣。

在學習診斷上，教師可以在觀課時注意某些學生的上課舉手發言、主動參與討論等行為，以及和書寫的內容進行對照比較。這類的學生可能對學習已經有充分的理解，可能也有正確答案了，但是會因為他人的觀點而修改自己的觀點。若是如此，那就可以診斷這類型的學生是屬於自信心不足的學習困難。

學習風格影響的學習困難

學習風格是一種特殊的學習偏好，對於訊息接收與處理的喜好方式不同，有些比較喜歡聆聽、有些比較喜歡動手做（關於學習風格的類型，請讀者查閱相關書籍）。不過，大部分學生不一定專有一種學習風格，教師該留意的是那些持有特定學習風格的少數學生，若訊息

處理與其學習風格不同，就無法理解教材內容，甚至排斥學習。

許多教師經常採用討論、合作或小組競賽的方式進行教學，與這些活動類型有關的學習風格是競爭型、合作型與個別型的學習風格，這種基於社會相互依賴理論而發展的學習風格論，有助於讓教師診斷學生參與小組討論與合作的學習困難。

競爭型學習風格的學生會在小組競賽或個人競賽中投入相當多的努力，他們會經常與他人比較，一直想辦法要比其他人好，教師設計的獎勵辦法對這些學生相當有效；合作型學習風格的學生喜歡和同儕互動，認為同儕互動可以刺激自己的思考，有時候也願意主動幫忙別人和樂意回答同儕的問題；而個別型學習風格的學生，不願意和他人比較，甚至不在乎他人的學習情形，他們對自己有些要求，也希望依照自己的進度和想法進行學習。值得一提的是，每個人並非在競爭型、合作型與個別型中僅有一種學習風格，只是喜好傾向的比例不同而已。

在學習診斷上，教師可以設計或觀察獎勵機制、同儕互動或小組合作的學習活動，再運用同儕配對或不配對的方式進行設計。觀課教師可以察覺哪些學生比較積極投入互動中，哪些學生會因為教師的獎勵而積極投入，即使暫時失敗也不氣餒。一般而言，與自己學習風格不同的學習方式會讓學生不願意投入學習，而產生學習困難。不過，有愈來愈多的觀點認為學習風格是可以經由學習滿意度而改變的，這部分請讀者查閱學習風格相關的書籍或研究報告。

社交關係不佳引起的學習困難

社交關係影響學生之間的互動，即使教師在課堂中協助安排配對或者是說明不可歧視他人之要求，學生仍不可能在互動時忽略社交關係。社交關係較差之原因來自成績不好、生理些微缺陷（例如：口吃、身材矮小）、生活習慣不佳（不洗澡、雜亂）、行為不佳等。社交關係不佳會影響同儕討論與小組任務的進行，更嚴重的是會有學習

排擠，進而影響學習動機與成效，產生學生學習困難。

在學習診斷上，**教師可以在觀課時注意學生同儕討論或合作時，靠近學生聆聽他們之間的對話，有些語句隱含著歧視的意圖、有些語句直接引用罵人的話，教師便可以判斷被影射的同學之社交關係不佳**。即使沒有相當明顯的語句，那些社交關係不佳的學生在分組時經常被排擠，即使教師幫忙配對，他們在小組互動中也缺乏團體歸屬感（下一節點說明）。教師可以在觀課時察覺這些情形，也可以在議課時請導師提供這些學生平時的社交情形，一併診斷與討論。

🔆 缺乏團體歸屬感引起的學習困難

團體歸屬感有其正面意義，也有其負面效應。正面意義是基於團體的壓力，促進每一個團體成員投入心力，畢竟較多數學生不願意表現出與團體格格不入的行為；但負面效應來自學生自己對自我效能的察覺，認為自己可能無法做到團體要求的程度，導致學生自我退縮，或者是以某些行為掩飾自己與團體的不協調。

當教師們不斷地思考如何透過同儕互動（例如：討論、合作學習）促進學生的理解時，對於學生的團體歸屬感之需求往往被忽略了，特別是弱勢學生。除了成績因素之外，這些學生可能來來自於文化不利家庭，跟其他學生相比，他們很難融入班級文化，教師不能僅是一味地要求這些學生投入，也不能僅是鼓勵其他學生幫忙，教師得要瞭解學生生活的社會因素對學習有重大的影響。

教師在進行觀課時，特別是小組討論或合作學習時，可以**仔細觀察是否少數學生在互動時沒有開口說話，也缺乏主動參與的動機，但即使這些學生沒有被排擠，他們可能也不會主動參與小組討論或任務，甚至只在旁邊靜靜地看著**。與社交關係的差異是，社交關係不佳可能會受到排擠或歧視，而缺乏團體歸屬感則是自己不願意投入。

不過這部分可能難以察覺，有時候是缺乏學習動機而已。導師可以加入議課時的討論，提供關於這些學生家庭背景、平時生活的點點

滴滴，協助診斷學習困難之原因，教師們共同討論協助這些學生融入團體，促進學生成長。

師生關係問題引起的學習困難

如果學生喜歡老師，例如：教師特質所展現的幽默或者是教師的教學風格足以讓學生喜歡，並認為那樣的學習是有用的，學生可能就會參與學習；再者，如果學生知覺教師信任他們，仍然相信學生可以學習得更好，學生會比較願意投入學習；第三，如果學生感覺教師是容易親近的，不會有任何刻板印象，學生有學習困難時就會主動請教老師。因此，師生關係是影響學生參與學習的因素之一。

我的研究資料顯示，當學生知覺教師教學足以讓學生獲得學習成就感，學生就會主動親近教師，有學習問題也會主動發問，偶爾也會關心教師或幫忙教師做事，此時如果教師繼續給予熱情的回應，良善的師生關係就會建立。再者，教師對學生的鼓勵與關懷都可能促進良善的師生關係，不過這無法充分改善學生的學習困難。來自教師暫時的關懷或許可以讓學生感到溫馨，但學習成就感是來自學習的知覺有效性，學習成就感是促進師生關係之首要關鍵因素。

在學習診斷上，**教師觀課時可以協助觀察學生主動發言或者主動協助教師教學事務的學生**，是否在學習過程中獲得滿意的行為，例如：臉上表情或一些突然頓悟的叫聲。教師也要知道，教材與教學設計讓學生獲得學習成就感，也可以促進良善的師生關係。

生理健康問題引起的學習困難

一些學生會有生理上的問題，這些問題會引起身體上的疼痛或學習不專注，可能天天或兩、三天需要服用藥物；再者，部分女學生的生理期也可能會帶來腹部疼痛，這些都會影響學習成效。另外，有些學生有情緒障礙，會引起心情上的混亂不安，無法讓學生專注於學習。在情緒障礙中，有些學生有注意力不足過動症，這是一種腦神

經相關的疾病，特別容易分心，難以專注，或難以控制自身的言行舉止。上述這些問題不易讓人察覺生理問題，也可能讓教師誤以爲學生偷懶或規矩不好，卻影響學習甚鉅，造成學生學習困難。

在學習診斷上，教師觀課時可以觀察學生的學習行爲，身體疼痛與情緒障礙的行爲不同。**身體疼痛時，臉上表情會略有痛苦的神態，也可能會按壓或輕揉疼痛之處；而情緒障礙問題的學生，觀課教師除了可以察覺學習注意力專注時間外，也可能小組討論或合作時不知所措，甚至會有不當行爲，例如：不順從、發脾氣、取笑他人等。**

雖然不一定所有情緒障礙的學生之學習成績都偏低，但多數情緒障礙學生無法充分參與課堂學習而導致學習困難，教師不能誤判這些學生是因爲懶惰或消極態度。

教室環境與設備問題引起的學習困難

教室內的物理環境，例如：電風扇或冷氣之溫度、桌椅擺設位置和燈光等，會影響學生的學習參與，特別是當關鍵的核心知識需要學習時，外在環境的缺漏會影響學生的學習投入。其次，教師展示某些素材，學生要有仔細觀察的機會與空間。有時候教師會說「看不到的同學到前面來看」，但學生不一定願意擠到前面和一些同學爭著看；而即使到了前面，也易受到同學身體推擠的影響，而不願意繼續學習，教師可以使用教材提示機或其他科技產品解決這個問題。再者，教師也要關注學生是否有充分的教具操作或設備接觸的機會，包含數量和操作時間。

在學習診斷上，**觀課教師可以察覺學生觀看教師提供的展示物品、小組共同操作教具的情形。特別是小組共用一組教具時，是否有學生沒有接觸或獲得操作教具的機會**，並且察覺他們的學習表現，診斷學習成績不佳是否是來自較少接觸教具的機會之原因。

第三節　學生在各領域知識的學習困難

本書第四章提及學生在不同學科領域有不同的理解原則，本章第一節則提到學生學習困難之原因，以及教師在觀課時如何察覺與診斷，本節再指出學生在各領域知識的學習時經常會出現的困難，教師們可以綜合這三個面向一起思考。

閱讀理解上的學習困難

學齡較小的學生在閱讀理解上最常出現的學習困難是缺乏足夠的字彙量以及解碼技巧，這些困難讓學生在閱讀文章上無法閱讀流暢，也無法抓取所閱讀文章的意義。會產生這些困難的原因很多，從小缺少閱讀經驗、家庭忽略幼兒教育、早期學校不適當的教學、個人閱讀動機等都可能是因素之一。

而學齡較大的學生則是缺少閱讀文章相關的經驗，導致在閱讀理解上經常做出錯誤的判斷。除了較少閱讀外，可能也欠缺批判思考能力，往往只聆聽某個來源的訊息，忽略整體綜合思考與判斷的策略。

在學習診斷上，**教師可以察覺學生念文章時會有停頓、拼音錯誤、斷字斷句不正確、遇到不會念的字句會跳過去。另外，教師在詢問學生關於某個字義時，學生無法回答或僅用表面的意義回應。**

寫作上的學習困難

寫作倚賴寫作技巧和與寫作內容相關的背景知識，也涉及到聆聽、閱讀與表達的技巧。多聆聽他人在正式場合的發言、多閱讀具有主題思想的文章，以及多練習一個議題觀點表達，可以增進寫作的能力，因為那些事情可以讓學生檢視一篇文章的理念鋪陳、前後組織和優美詞句的應用。反過來說，當學生在寫作上遇到困難，教師、家長或學生可以先檢視自己在聽說讀寫的經驗。

有些學生在寫作時會把口頭語詞表達出來（這也是上一段所說的：說什麼寫什麼的意涵），不過，平時講話時有太多的語助詞（例如：那個）或者是連接詞（例如：然後），寫作時也把這些寫進去。如果教師發覺這些情形，可以先指導口語表達的技巧，對寫作也有幫助。另外，部分學生的字彙量不多，教師可以先讓學生以有限的字彙量描述，增強信心後，再鼓勵其多閱讀補充其字彙量。

寫作對半數學生而言是相當困難的，特別是要寫一篇文章，涉及內容與技巧，內容是背景經驗、技巧是文法段落的鋪陳。

在學習診斷上，**教師可以先講述一個故事（例如：看畫展、和老人一起遊玩），之後要求學生提出類似的經驗；如果學生缺少經驗，寫作困難的原因即是缺乏寫作相關的題材。**另外，在技巧的診斷上，教師可以提出一個事物或一件物品，並且做個位置轉移，要求學生描述。學生最先會說出那個事物或物品的名稱，再逐漸要求學生加上形容詞、位置、前後不同等並說出。**當學生難以表達完整的視覺經驗，可能就是技巧上的困難。**

數學領域上的學習困難

數學知識是一個內容具有相當結構的領域知識，在核心概念的關聯上，具有順序性，亦即新知識的學習要應用先備知識。本書第四章提及數學知識的理解除了基礎的運算能力外，還涉及數學概念與程序性知識，而程序性知識又包含基礎的解題和高層次任務所需要的策略，因此，教師在診斷學生的數學學習困難時，得要區分是哪一方面的問題。

學生在數學學習上的困難大約包含：(1) 運算能力：不正確的數數、不懂位值意義、不懂四則運算、缺乏估計能力；(2) 數學概念：不知概念何意、缺乏單位意義、缺乏數感和量感；(3) 低層次程序性知識：計算步驟混淆或列式過程有問題、不知概念如何轉化應用、缺乏公式定律記憶或轉化應用能力；(4) 高層次的解題策略：缺乏解構

題目能力、缺乏策略組織能力。

　　另外，有些學生沒有上述的困難，只是粗心忘了某個步驟；若是如此，則是缺乏練習。

　　學生在數學學習上的困難可能不同，教師在觀課時需要靠近學生書寫題目的內容，**察覺數字和符號的使用情形，便可能察覺運算能力或數學位值概念的學習困難；若是胡亂將數字亂加或模仿教師的範例題目而列式錯誤，就可能是欠缺程序性知識。細部上，若是簡單的解題有困難，則可能是不知數學概念或公式如何轉化與應用；若是複雜的問題，就可能不瞭解題意或缺乏解構題目的能力；另外，若是空白而思考許多，則原因不容易判斷，得要從其他題目綜整診斷，但以不瞭解題意居多。**這些情形僅是部分觀察到的現象，還不夠完整，教師們可以再透過更多的經驗與對話，察覺學生真正的學習困難所在。

其他多以文字敘述的領域之學習困難

　　本書第四章提到文字敘述類型的知識在各領域都有，而這類型的知識從相當具體到相當抽象，也具有知識的垂直結構，亦即事實、概念、通則的結構（請參閱本書第一章圖 1.1），在學習上，需要從概念的理解、應用到情境任務的設計與問題解決。教師可以設計對話、討論、訪查或探究等教學活動，而學生是訊息內容的組織、推論、比較、分類等理解策略進行學習。

　　由於這類型的知識多以文字描述，輔以圖表說明，簡單來說，閱讀理解是學習此類型知識的基礎，而部分學生的學習困難就是文章內容的閱讀理解問題，從缺乏字彙量、語意推論到欠缺與文章內容相關的生活經驗，都可能讓學生學得不好。在學習診斷上，除了採用先前提到的閱讀理解之學習困難的原則外，診斷學生的生活經驗對此類型知識的學習相當重要。

　　以十二年國教課綱或是大學生面對實務問題的學習而言，這類型的知識學習不會僅停留在閱讀理解上，而會以分析、判斷和評估等高

層次能力作為學習目標的設計。

在學習診斷上，教師可以先以誘答題目或事實性的題目確認學生是否具備重要的概念知識（例如：地形、性侵害、憲法），之後，在設計某兩個（以上）概念相關聯之問題，例如：**找出事件的關鍵因素、這個事件的因果關係、當某個因素改變另一個因素會如何……等。如此便可以知道學生是不瞭解概念的意義，或者是欠缺概念連結思考（分析、判斷和評估）的能力。**

教師也可以設計高層次的活動，例如：資料蒐集與報告、文化探究等，提供學生運用策略性知識完成任務的能力。如果學生具備核心知識，卻無法完成這些任務，就可能是策略性知識運用的問題。

其他多以體驗動作的領域之學習困難

如同以文字敘述內容的知識，這種透過體驗與動作的學習在各領域都有，也都是以「直接經驗與動作」當作是學習的基礎，這類型知識的學習非常強調學習過程中的個體感覺之介入。不過，少數知識無法透過親身體驗，就會以影片或科技實境進行教學，讓學生獲得視覺經驗。而此類型中逐漸會有複雜問題，得要加入數學相關的知識與策略一起融入，因此，以符號進行抽象思考能力也是這類型中相當重要的學習內容。

這類型的知識也具有低層次概念到高層次複雜問題的結構，因此，在診斷學生的學習困難上，如同可以先設計概念理解、簡單程序性知識之題目、或者是簡單技能的操作練習檢測，**如果學生在簡單操作步驟的程序性知識回答錯誤、操作步驟錯誤或者是不順暢，可能就是基本技能有了學習困難；**確認理解、無迷思概念或技巧具備後，再設計調整和創意等高層次能力的任務。

另外，此類型的知識與文字敘述類型知識的差異在於，這類型知識最好透過操作體驗或練習才能學得好核心知識、技能與情意，若僅用講解或記憶的方式，學習成效將不佳。然而，當教師發現學生學習

困難時，得要思考學生在操作體驗中是否瞭解其意涵，還是僅當作動作表現而已。

由於此類型的高層次知識，無論是技能的創意表現或者是複雜問題的解決，需要抽象思考能力，因此，學生的認知發展是診斷時需要考慮的因素。較小的學生或發展遲緩的學生，可能在抽象思考上不及較大或正常的學生。即使學生可以運用符號進行抽象思考，但在解決問題上仍需要策略性知識的運用，教師可以針對學生理解概念卻無法解決問題的現象，思考學生是否具備策略性知識。

本章小結

一個具有教學專業的教師，絕對不是宣揚獲得多高學歷、參與過多少小時的研習、或者是提及自己會哪些教學模式，除了在教材分析、教學活動設計和提出合宜的評量活動外，就是能夠診斷學生的學習困難之所在。

學生的學習困難大致區分為知識學習、學習參與與社交關係，即使學生可能有多重困難，或者是學習困難來自多種因素，教師仍然可以透過觀課去記錄某些行為表現，去察覺與診斷困難之處，再提出教學策略協助其學習成長。

另外，教師也要能知道各領域知識的關鍵重點與理解歷程，也包含其知識的細節與結構，如此便可以和學生的學習認知歷程一起整合，作為教師觀察學生學習困難的背景知識。而教師若能提出「學生表現什麼行為和什麼行為，而從哪些地方、哪個行為和哪個表現可以推論可能是哪裡不懂或因為什麼因素而如何，教師可以使用什麼方法或策略……」這樣的說明，我們便可以說教師已經具有診斷學生學習困難的能力了。

如同本章先前所言，教學不是「教師怎麼教，學生就怎麼學」，教師要知道事先設計的教學活動不會讓每一位學生都能有完美的學習

成效，因素很多，教師就是要去察覺這些因素，特別是來自學生的學習困難。

教師讀書會可探討的問題

1. 請社群教師找一班學生的學習單或測驗卷，並從學生的答題中分析或推論該學生是哪些概念或原理不瞭解。
2. 請社群教師描述或分享（有教學中拍攝的影片更佳）自己的學生在分組討論或合作時的各種現象，其他教師再從中綜合各種學生學習表現，推論學生學習之可能困難。

第六章

教師共同備課的啓動與相互學習

　　我在前一本書《素養導向的教師共備觀議課》中提及教師共同備課是基於教師協同學習的理論，教師協同學習是一種教師藉由分享自己與聆聽他人觀點後，刺激自己思考，並可能調整與改變原有的教學想法之學習歷程。教師若未曾具有共同備課的經驗或對其做法未有充分的理解，可以先行閱讀我的前一本書《素養導向的教師共備觀議課》。本章內容是針對那些已經參與過共同備課並瞭解備課項目內容的教師，提出更有深度、更有價值的共同備課之理念與做法。

　　基本上，教師共同備課是在某一個時間點下，分享自己的教學實務知識。教學實務知識是與教學情境相關的實務知識，有別於（但不一定完全不同於）教學原則，例如：建構教學原則提及教師應提供學生操作與討論的機會；但在實際運作上，某個教師可能先讓學生閱讀某篇文章、再產出個人的想法，之後小組配對討論，可能再提供某些獎勵，以便讓學生更投入學習。後者所提的即是屬於某個教師自己發展出來的教學實務知識，從兩段文字來看，小組配對討論並非建構式教學的原則，不過教師認為，類似程度的學生配對在一起會讓學生在討論時更願意說。這種教學實務知識是教師採用某個教學原則，並在實踐中或實踐後，加入與省思自己的經驗所形成的，但也因每個教師的教學情境不同，教學信念不同，學生學習風格也不同，因此，教師透過教學經驗所形成的教學實務知識可能因人而略有差異。

　　另外，根據我的研究分析資料，**教師分享與相互學習是一回事，能否在自己的教學中改變又是一回事**。教師相互分享確實可以促進自己在某個教材教法上的省思與相互學習，不過，教師可能因為教學信念、學生因素、教學環境資源等因素，在教學時「不會採用」他人所分享的教學觀點；即使改變自己的觀點，也不一定會在教學中實踐，畢竟教學情境中有太多複雜因素影響。這是合理，也不可以強求教師一定要採用與實踐他人觀點，這也再度說明了教師共同備課為何是一種分享與相互學習，而不是模仿或指導的關係。

　　不過，我的研究也發現，如果教師相互分享時，恰好觸及聆聽教

師平時的教學困難、疑問或需求，不僅相互學習的成效更好，在教學中採用或改變其教學設計的情形將會增加許多。多數教師的教學困難來自於學生的學習成效不彰，這也啓動了教師在教學省思中的敏感神經，因此，教師共同備課時，若能從學生的學習困難處作為啓動點，教師共同備課的成效會比隨意找一個單元共備課好些。

第一節　從學生學習困難處開始共備

　　本書第四章提及學生的學習理解歷程，第五章也提到學生學習時可能會有的困難，教師也可以在閱讀本書第一章的教學設計、第二章的評量方法，以及第三章的教學方法後，綜合思考學生在哪一個單元、哪一種學習策略或哪一個學習表現之成效不佳，並與教師社群初步討論後，作為教師共同備課的主題。

先討論學生的學習困難之處

　　教師工作很多，即使不兼任學校行政工作，由於教育環境愈趨複雜以及家長對教育意識的抬頭下，教師不僅需要多加關注每一位學生的生心理發展，也需要比早期花費更多心力回應政策、科技與社會對教育的要求。因此，教師能進行共同備課的時間不多，既然如此，學校應該鼓勵教師將有限的時間運用在最需要的地方，從學生的學習困難處思考是最好不過的了。

　　教師可以採用下列的表格（教師可以自行重新製表與印製），表 6.1 是以學生在某個知識內容的學習困難為例，表 6.2 是以學生在某個學習策略上的困難為例。表格左邊欄位是可以提出討論的項目，右邊欄位只是我的舉例說明，教師均可以依據實際的情況進行調整編修。

　　在使用表 6.1 和表 6.2 時，上半部是教師指出在某個知識內容或某個學習策略上的問題，鼓勵教師先回想自己過去的教學經驗中，學

生總是在某個概念或某個學習策略上表現不如教師預期，或是在九年級學生參加會考之後，以心測中心提供的資料去察覺自己學校學生在哪些知識概念或通則表現不佳，這即是學生在國中三年的學習中所出現的學習困難。根據我的研究經驗，許多教師在教學過程中早已察覺學生的學習困難，卻在當下僅作表面的處理（例如：再講述一次或請同學指導），教師便可以把這些困難知能和學生的特定表現情形儘量具體地描述出來。

　　表 6.1 和表 6.2 的下半部是指教師在共同備課時，提出自己在教學上的疑問，聆聽其他可能有此經驗的教師分享其教學策略，也可能大家相互刺激思考，進一步找出關鍵細節而產生的合宜教學策略。

　　簡單來說，表 6.1 和表 6.2 的上半部是教師在共同備課前先自己寫出，而其下半部是在共同備課時分享與進行相互學習。

表 6.1　學生學習困難紀錄表（以知識內容爲例）

年級學期	五年級下學期
領域科目	數學科
單元名稱(教學活動)	長方體體積（NHK 版第　單元）
困難知能	體積＝底面積乘以高
困難描述	學生總以為底面積就是與桌面接觸的那一面
共同備課所產生的教學策略（解決策略）可（綜合）提及： 教材內容 教學策略 學習評量 媒體資源 學生特質 環境氣氛	1. 重新解釋底面積是兩個全等的幾何圖形 2. 舉出各種形狀的體積，讓學生辨識底面積…… 3.…… 4.……

表 6.2　學生學習困難紀錄表（以學習策略為例）

年級學期	五年級上學期
領域科目	自然科
單元名稱(學習策略)	合作學習
困難知能	小組內的討論
困難描述	低成就學生不敢發言，當小組討論完成任務時，幾乎都是高成就學生完成小組任務
共同備課所產生的教學策略（解決策略）可（綜合）提及： 教材內容 教學策略 學習評量 媒體資源 學生特質 環境氣氛	1. 確認是否是缺乏討論題目的基礎知識…… 2.…… 3.……將學生配對…… 4.……

　　上述表 6.1 和表 6.2 可以促進教師自己思考平時教學時學生的學習困難，再透過集體討論，聆聽他人想法，再度刺激自己思考可能改善學生學習成效的教學策略。即使教師沒有進行公開觀課與集體議課，以表 6.1 和表 6.2 聚焦在學生學習困難上的討論，也可以幫助教師在知識內容與教學設計等教學實務知識上的成長。

　　當教師確定學生在某個教材知識或學習策略上有困難，而且想要以此作為共同備課的起點，可以在共同備課紀錄表（如附錄三）中先描述學生困難情形。

教師共同備課的內容要包含教材概念或知識的原理原則

　　教師共同備課的內容要包含教材的核心知識或原理原則，即使是培養學生學策略或型塑核心素養，仍基於教材的核心知識或原理原則。若直接以學生學習某個（些）有困難的核心知識或原理原則，則更能聚焦。特別是在選擇教材核心知識或原理原則時，教師可以跳脫

（單一冊）教科書的思維，思考教材內容之先備知識與新知識的關聯結構，或在某冊的核心知識與另一冊的核心知識建立連結，作爲共同備課的教材內容。

　　本書在第四章與第五章均提及，學生學習困難之部分原因來自於對先前的知識不甚理解，導致無法從先備知識理解新知識，而教師即使察覺學生學習有困難，相同內容再教過兩次，學生可能也無法充分獲得知識內容。因此，教師要能從單元中的某個（些）概念或原則爲核心，思考此些概念或原則的先備知識，再思考兩者的關聯如何建立，例如：透過教具或媒體，或者是透過多層次的提問技巧，協助學生建立先備知識與新知識的關聯。

　　換句話說，如果安排教師進行共同備課以及後續的觀課與議課，每一位擔任教學者的教師，可以先行思考與決定哪一個單元中的哪一個核心知識和原理原則對學生略具有困難，提出表 6.1 的內容給其他教師；其他參與共同備課的教師先行思考自己的教學經驗，提出自己的教學策略；之後，於共同備課中分享教材內容的新舊知識（跳脫某一單元範圍思維）、教學方法和評量；最後，由教學者自己發展與設計教學活動，並透過觀課察覺學生的學習實際行爲，以及在議課時討論學生的學習困難是否解決，或有其他需要再行調整之處。

　　簡單來說，強調學生在某個（些）核心知識或原理原則的共同備課理念盡可能地跳脫教材某一單元範圍的思維，要以整個學習領域的教材架構進行思考。

💡 具體詳細的教材內容分析

　　上一節提到教師自己備課和共同備課時，是先確定學生的學習困難，再針對此困難中的某個（些）核心知識或原理原則進行備課。備課時除了在教材內容外，也要在教學策略以及教學評量上，寫下自己的觀點。

　　不過，根據我的研究資料分析，在許多教師共同備課的場合，教

師所提出與分享的內容僅限於個人表淺的經驗，可能也未能全面思考某個（些）核心知識或原理原則之細節。簡單來說，教師可能僅是瀏覽過課本教材，即提出備課的項目內容，而在分享時，也只是把這些內容表達出來而已。即使教師所分享的內容是符合備課與教學要求，然而不夠具體且不夠詳細的分析，教師相互學習的效果有限。

教師自己在備課時，特別是針對學生學習困難的核心知識或原理原則，宜先檢索或查閱相關手冊（例如：教師備課用書），避免忽略部分細節，也可以從相關手冊內察覺學生在那個核心知識或原理原則的先備知識、知識結構與關聯概念。其次，教師若要採用某些學生互動或操作的教學策略（例如：討論、合作），也可以查閱教學原理或教學模式的書籍，這些書籍提供許多教學策略的具體細節以及關鍵要素，可能也提到些許運用教學策略的配套措施（例如：獎勵或小組配對安排）。第三，評量工作相當重要，要確認學生是否具有學習成效，評量類型的採用以及評量內容的發展，都需要與學生所學的核心知識或原理原則有關，因此，不管評量題目類型的目的以及評量內容的發展，教師也可以查詢學習評量相關用書，或至少從題庫中去檢視合宜的題目。

藉由教師共同備課發展校訂課程的學習方案

十二年國教課綱總綱提及學校課程包含部定課程與校訂課程，校訂課程由學校安排，以型塑學校教育願景及強化學生適性發展。在國中小，校訂課程為「彈性學習課程」，包含跨領域統整性主題／專題／議題探究課程，社團活動與技藝課程，特殊需求領域課程，以及本土語文／新住民語文、服務學習、戶外教育、班際或校際交流、自治活動、班級輔導、學生自主學習、領域補救教學等其他類課程。在高級中等學校則為「校訂必修課程」、「選修課程」、「團體活動時間」及「彈性學習時間」。多數學校的教師共同備課是以部定課程領域或教科書的知識內容為主，但校訂課程的發展與設計也需要學校各

領域教師或跨領域整合設計。

　　學校教師共同討論學校願景與課程目標後，便可能會發展主題課程或跨領域課程，也透過核心素養之學習表現與學習內容的分析，發展出課程目標。此時，無論是各領域、各年級段或課程發展小組，**可以針對課程主題先行自己備課，再共同備課，發展校訂課程的學習方案**。這部分相當重要，我目前的經驗發現，部分學校只發展課程願景與課程目標，較少學習方案，亦即僅有課程理念，卻沒有學習方案去實踐。

　　發展校訂課程學習方案時，在教材內容分析上，教師要以課程主題為基礎，透過學校情境分析，選取學習素材，再將這些學習素材之內容細部化，學習表現層次化（可參閱《素養導向的教師共備觀議課》書中第二章第二節），進而透過雙向細目分析表，形成教學目標，再以活動化的教學策略，形成具有教學活動流程的學習方案。

　　另外，許多學校的校訂課程很具有前瞻性，也有核心素養的內容，也包含許多學生面對未來生活挑戰所需要的關鍵能力，例如：批判思考、合作、問題解決等。學校教師自己在備課與共同備課時，也可以思考這些關鍵能力的步驟細節，以及策略性知識和情境任務的設計。

　　簡單來說，學校課程小組發展課程目標與主題後，可以透過共同備課的方式發展學習方案或教學活動設計，最終形成學校總體課程計畫書。如此，所有教師都能參與總體課程計畫的制定，也對學校的課程願景與課程目標能夠清楚瞭解。而透過教師的共同備課，相互刺激思考，讓課程願景轉化為學習方案時更具有周延性。

運用共同備課表格協助記錄

　　共同備課表格的使用相當重要，這可以留下教師對某個主題的思考內容。一般來說，備課內容包含學習內容（教材內容）、學習表現（教學評量），以及教學策略，如表 6.3 的細項，教師可以調整成

符合自己學校需求的表格，而表格內文字是例子，教師製作表格時可以刪除，也可以參考本書附錄三的「共同備課紀錄表」自行繪製。不過，表 6.3 中間欄位是「自己備課」的欄位，亦即教師在共同備課前先自己思考某個教材核心知識或原理原則該怎麼進行教學設計。而在思考內容時，應儘量詳細，詳細並非指文字量多，而是思考每一個可能在課堂中會提及的關鍵內容。

　　共同備課的關鍵在於右邊的欄位，在共同備課時，教師輪流分享早先自己備課的內容，而其他教師聆聽時可以對照自己原有想法，若覺得分享的教師所提出的內容相當可行或具有價值，可以記錄在右邊欄位內；但如果聆聽之後不適合自己的教學情境，可以選擇忽略；或者是有疑問時，可以提出請教或進一步相互討論。

表 6.3　教師共同備課紀錄表

共同備課主題		地形與氣候的關係（NHK 版第 X 單元內）	
項目	細項	自己備課想法	共同備課調整
學習內容分析	核心知識或技能（含細節要素）	一、（概念）地形 細節一、細節二 二、（概念）氣候 細節一、細節二 三、（通則）當地形……氣候愈……	
學習表現設計	誘答題目、討論題目或素養題目	一、（誘答）下列何者…… A.…… B.…… C.…… D.…… 二、（討論）……地區……這個地方將會是…… 三、（情境）……	

共同備課主題		地形與氣候的關係（NHK 版第 X 單元內）	
項目	細項	自己備課想法	共同備課調整
教學活動流程	教學方法、教學步驟或教學活動細節	一、講述……地形的…… 　　1-1.老師先講述 　　1-2.老師再講 二、寫地形與氣候的學習單 　　2-1. 　　2-2. 三、討論山地高度與氣溫的問題 　　3-1. 　　3-2. 四、發表討論的結果	

💡 具有成功經驗的分享更佳

一群教師參與共同備課時，可能有部分教師對於備課的核心知識或原理原則已有教學經驗，除了可以提醒先前教學時學生出現的問題，以便先思考因應策略外，具有成功教學經驗的教師，可以多提出一些具有成效的關鍵做法。這種具有證據的觀點，正是相互學習的素材，也因為具有成效的證據，更能夠促進他人省思，甚至採用，進而協助其他教師改善學生的學習困難。

在提出成功經驗時，教師務必要採用「我做了什麼、為什麼要這樣做、學生表現為何」等三要素敘說與分享。舉例而言，一位教師在共同備課時分享以下一段話：

> 我在分組討論時，一組有四個人，但我每組發下五張學習單……以往小組討論只給一張大海報，總是一、兩位學生在寫，其他都只是聽著……五張學習單是希望每一個人先寫自己的學習單，等到寫完要討論時，大家輪流講出自己的答案，獲得共識之後，再寫在第五張學習單上……

> 這樣做了之後，我發現每一個學生都得要先產出自己的想法，也得要聆聽他人的想法……之前那種有人只是「陪著」討論的情形就不在了……。

上述的經驗分享可以再轉化為討論的教學步驟，即為「先產出自己的、輪流表達聆聽、確認意見共識或調整、最後再上臺發表」，而聆聽的教師若覺得很不錯，便可以記錄在共同備課紀錄單的右邊欄位內。

有效的證據總是令人信服，具體且詳細的經驗分享更令人敬佩。教師的共同備課需要有更多的吸引力讓人投入，具有成功經驗的教師以及已經獲得教學成就感的教師，應該被鼓勵、被讚美以及被期待在教師共同備課中分享。

不是同一領域的教師要如何共同備課

這個問題會發生在全國超過一半的學校，特別是國中小，原因是全國約有七成是屬於小班小校，亦即在某個學校內任教之某一個領域的教師可能只有一位，因此，多數人認為在那樣的學校之某個領域內要進行教師共同備課似乎有困難。

不同領域的教師可以相互觀課，但共同備課呢？相互觀課的問題在我先前的《素養導向的教師共備觀議課》已經提及，已指出教師的教學設計包含教材教法、學習參與，以及同儕互動，即使一個教師社群擔任不同領域的教學，非擔任教學的教師可以進班協助觀察學生的參與動機，以及互動討論中的社交關係。而不同領域的教師之共同備課則在於教學方法或教學策略上的分享，較少聚焦在教材內容結構上。

部分教師強烈認為不同領域教師無法共同備課，原因是對教材內容不理解，若如此說來，相同領域但不同年級的教師可能也對教材不理解，或是版本不同也是一個因素，導致共同備課可能只能在很大的

學校進行。這樣的觀點是一種誤解，共同備課不僅可以在教材內容的解析與分享，也可以在教學策略或評量，甚至學生學習之生心理表現上的討論。教師共同備課也不需要每位教師在教材教法與評量上做出等值的付出，每個人就自己的專業與經驗，分享其觀點，相互促進思考而已。

另外，在十二年國教課綱之核心素養或者是在各校總體課程計畫的課程願景或目標中，經常會有「溝通表達」、「合作學習」、「創意思維」或「問題解決」等關鍵語詞，爲了促進這些素養的型塑或目標的達成，無論哪一個學科領域都需要將這些關鍵能力轉化爲教學設計。再者，這些能力的培養需要有深厚的教學策略引領，不同領域的教師可以在這些教學策略、教學流程或步驟中，分享自己的觀點。這也是一群不同領域教師在共同備課上的共同關注焦點（校訂課程中的關鍵能力）。

如果是以「共同目標」當作共同備課的起點，不同學科領域的教師在素養或學校課程目標中的能力培養即是教師們的共同目標，而相同領域的教師即有「共同教材」與「共同能力」兩面向的共同目標，可作爲共同備課的焦點。

第二節　具有成效的共同備課之要素

本章第一節略提，許多教師在共同備課所提出與分享的內容僅限於個人表淺的經驗，部分教師則誤解共同備課即是一群教師討論出「共識」的做法或共同的教案。前者無法讓教師感受到共同備課的投入利益與價值，後者則可能出現一些理念上的衝突，導致教師共同備課可能停留在教學領域社群的行事活動而已。根據我的研究資料，教師共同備課時，除了教材教法與評量的知識是否充分外，許多因素也影響教師共同備課的成效。

教師共同備課之前一定要先自己備課

教師共同備課之前一定要自己備課，我在《素養導向的教師共備觀議課》中非常強調這個觀點，原因是，共同備課是基於教師協同學習的相互分享與相互學習，既是分享，就需要每個人都能表達自己的看法。如果僅在於共同備課時才產出自己的想法，時間不足下所產出的內容可能相當貧瘠，也可能受到第一個發言教師所說內容的影響，無法充分交流。因此，教師自己先行備課影響共同備課的成效。

試想，一組五位教師的共同備課，每位教師都可以聽到其他四位教師所分享的內容，將這四位教師的分享內容對照比較，進而補充或調整原有的想法，自己的教學實務知識因此而擴大。會有這些正面效應源自於兩個面向的處理：第一，是教師自己先有備課資料可以分享；其次，共同備課是相互分享而非指導或建議他人，是調整自己而非改變他人，教師的對話是平等的。

 教師共同備課受到其教學信念的影響

每一位教師都有其教學哲學觀，這也可以視為對某個教學理念信以為真的看法，因此，有些文獻將教學哲學觀與教學信念視為引導教師教學的重要因素。舉例而言，有些教師認為學生需要在安靜的情形下才能思考，也才能學得更好，因此，在進行教學活動時，就會經常出現班級常規的應用；但另一些教師可能認為學生需要不斷地與他人互動，透過語言作用，相互刺激思考，因此，在其課堂教學中，會允許學生不需要經過教師同意就可以和旁邊的同學輕聲地討論。

教師在共同備課時，特別在聆聽他人分享之時，可以仔細察覺每位教師的教學信念。教師聆聽他人的觀點後，腦中可能會有「明明那樣做真的很不好，為什麼他卻要這樣想（做）呢？」的思緒浮現，或者是「我的觀點就是在我的課堂中實踐有效，我想要幫你，你卻好像不願意的樣子？」和「你的做法根本無法在我的課堂中應用，我的學

150

生不是像你的學生那樣」……等等想法，這些話可能顧及同事情誼而不會在當場說，卻私下跟好友或家人抱怨。

教師參與共同備課時若有上述的經驗，要能理解這是受到每個教師長期以來的教學觀點和經驗影響，切勿認爲對方故意不夠專業或故意找麻煩，而影響自己參與共同備課的心情。教師反而要正向思考，教師的不同教學信念以及不同的觀點才是相互學習的機會，如果大家持有的觀點都一致，那就無法相互學習了。

教師進行共同備課時的行爲表現不同

教師們參與共同備課時的行爲表現不同，除了分享自己對教材教法和評量上的觀點外，有些教師以聆聽他人爲主，並試著從中對照自己原有的想法，從中學習；另有些教師則會不斷地陳述補充或再深入說明（推銷）自己的經驗。那些不斷推銷自己經驗的教師，往往具有很好的教學成效，也經常獲得教學上的成就感，因此樂意提供教學過程中的點點滴滴。而那些以聆聽爲主的教師，則其因素便比較多元，除了教師同僚關係或學校組織氣氛等非課程與教學上的因素外，對某個教材教法並不熟悉，也可能缺乏實際有效的教學成功經驗。

教師參與共同備課時需要知道不一定每一位教師都要表現相同的行爲，況且每一位教師的教學環境略有不同，個人特質也有差異，除了都要分享自己的觀點外，在深入對話時只要能相互刺激思考、省思自己原有的想法，以及保有開放與尊重的態度，都是好的共同備課之成果。

從我的研究分析來看，教師參與共同備課在上述的條件下，幾乎每一個教師都進行了自我省思，而若能充分對話，自我省思的範圍更大。

教師共同備課與教師專業認同相互影響

　　如先前所述，教師在進行教學設計時會受到自己的教學信念影響，而共同備課便是一種分享教學設計的活動，因此，從共同備課中可以察覺教師的教學信念。先前也提到，教師分享與相互學習是一回事，能否在自己的教學中改變又是一回事，教師要真正願意調整自己原有的觀點，並在教學中改變，是受到專業認同的影響。值得一提的是，當教師專業認同度高，就願意在共同備課時吸取他人的經驗，轉化為自己的教學活動；而當教師愈能從他人吸取經驗並轉化為教學活動，其專業認同度更會提升。

　　教師專業認同的發展，無法透過研習參與或閱讀而產生，那些勉強只是讓教師有了投入專業實踐的動機而已。教師要能發展高度的專業認同，需要將專業知識投入於實務情境中，並且獲得成就感或滿意度。

　　那些在共同備課中積極分享教材教法與評量的教師，經常解釋自己為何要那樣設計活動的理由，並且從文句中可以聽出學生學習成效的證據。在如此經驗描述中，可以檢閱一個教師的「我做了什麼」和「我是誰」，亦即一個教師的分享，不僅是提供教材教法與評量的內容，也顯露了該教師的專業思維，專業認同高的教師，愈能投入共同備課中。反過來說，當一位教師願意從他人經驗轉化為自己的教學活動，是基於原有的教學困難點，進而想要去解決教學困難的立場，由於他人的經驗透過實踐與邏輯整理，聆聽者容易吸取與採用，在實踐上也容易具有成效，也逐漸肯定自己對教育的投入，專業認同逐漸提升。

 不可排除邀請專家學者或專業教師

　　我這兩年的觀察，部分教師社群在進行共同備課時所提出來的教材教法知識缺乏學理基礎，有些教師對於某個教材概念不甚理解，例

如：X+3=10 的計算解題，教師還是用口訣記憶的方式指導；另有些教師對於某些教學策略持有負面的意識，這可能受到先前挫折經驗的影響，例如：當教師表達學生自我建構方式進行教學時，會有教師立即提出建構式數學造成的困擾。這些現象不代表教師不願意投入教材教法的發展，而是缺乏一個能具體詳細解說其價值意義以及成功經驗的人提供足以改變信念的證據。

各校校長或教務主管可以鼓勵教師提出教材教法或評量上的專業成長需求，邀請領域教材教法教授以及領域輔導團的在職教師前來，針對教師在教材教法與評量上的問題提供解答與建議。

共同備課雖然可以促進教師相互學習，這是基於社群內多數教師可能具有充分的教材教法知識，也可能具有些許學生學習成效經驗，但如果面對某些所有社群教師都不知道該如何解決的困難，這就是各校教師進修時間或各領域安排的專業成長主題了。校長與教務主管需要多留意教師的需求，平時也需要建立專家學者與專家教師的名單，若教師有需求則立即可以邀請，如此作爲可以促進未來教師進行共同備課的成效與滿意度。

💡 建立校際共同備課的機制

教師透過共同備課進而相互學習，早已被確認是一種可行的專業成長方式，不過，國內有七成學校屬於小班小校，亦即該校某一領域的任教教師可能僅有一位，即使和校內教師可以針對教學策略或學習動機和社交關係進行討論，若要發揮更大的功能，可以擴大共同備課的教師社群，亦即兩、三所位在不到半小時車距的學校，約定某個固定時間，一起進行共同備課。不限於小班小校的教師，不同學校教師可能在教材教法與評量以及師生互動上有不同的見解，瞭解不同學校組織文化可以促進個人對自己文化的探討，也可能有成功的教育經驗，如果能相互交流，也可以促進教師在教材教法與評量上的理解。

學校可以運用網路的功能進行校際共同備課，這部分請讀者查閱

本書第九章。在進行校際共同備課時，為了避免教師可能認為僅是一種行政活動而無法感受到相互分享與學習的利益，有三個關鍵措施務必要做好：第一，每位教師要能事先思考主題或者是自己先行備課，只有自己先產出想法，才能夠分享，先前提及的備課內容都可以涉及與應用；第二，破冰，主持人一開始時可以在輕鬆的環境下談及生活議題，相互寒暄，讓兩校教師不會感受到拘謹；第三，強調分享與省思，而不是模仿，對方學校做了什麼，自己就得做那些，鼓勵教師聆聽他校教師的經驗後，對照自己原有的想法與做法，發展自己學校的作為。

面對那些教材教法知識貧瘠的教師

每位參與共同備課的教師之教學內容知識（Pedagogical Content Knowledge, PCK），影響著對共同備課的內容主題之解釋與設計。這並非指不同領域教師可否進行共同備課的問題，而是部分教師在自己教學領域的教學內容知識過於貧瘠，導致自己不願意或者是他人不願意一起共同備課。另外，亦有可能那些缺乏教學內容知識的教師不願意聆聽和接收別人的觀點，使得共同備課的效益無法彰顯。

我偶爾對那些願意分享教學觀點的教師們表達我心中的敬佩，也鼓勵那些教師不可以放棄分享自己成功的經驗給那些教學內容知識貧瘠的同事，甚至會提及多分享給那些同事之目的是為了讓那些教師把學生教好。不過，有兩個關鍵因素需要留意。

第一，仍不可以用指導的態度或語氣，原因在於每一個人的教學信念不同（下一節點說明），教學情境也不同，設身處地思考他們的條件，再以自己類似的經驗且是成功的經驗分享給他們聽，通常使用的語言是：「如果我是你，我會怎麼做」，或者是「我以前教這個內容時，我都是怎麼做」，用「我會怎麼做」來取代「你要怎麼做」。

第二，不要覺得不公平，或許他們先前的教育歷程有了疏漏，也或者是他們自己的因素而不願意投入教學專業成長中，然而，在當前

教師參與共同備課已經是教師專業成長的積極性作爲時，協助他們投入，其實也是協助他的學生學習得更好。

這不是「指導」關係，而是「影響」作用。若自己也願意，除了分享教學活動設計外，邀請他們到自己的班級來觀課，透過自己的教學理念、教育熱忱，以及學生學習表現，對他們的影響會更大。

本章小結

不管從教育的目的是在促進學生的學習成長之觀點，或者是從教師可用的時間以及教師學習心理的角度而言，從學生的學習困難處進行教師共同備課是可行且具有高度價值。在共同備課中，教師分享自己早已經思考過的教材教法與評量作爲，即使受到個人情境與教學信念的影響，教師仍可以透過自我省思，進而相互學習。如果共同備課的內容恰好符合教師的需求，教師會更願意投入共同備課中。重要的是，如果教師願意分享自己先前那些具有成效的經驗以及設計的思維，不僅能提升自己的專業認同，也可以促進他人的省思和學習；而當教師願意將那些在共同備課中所學習到的想法轉化爲教學實踐活動，在獲得成就感後，其專業認同度也會提升。

從 108 學年度開始，各校教師的共同備課均開始展開，爲了避免教師誤解其意義，導致教師可能僅用表面做法作爲回應，各校校長或教務主管務必在某些關鍵細節上謹愼處理。第一，是分享而非共識，因此，每一個教師先要有自己的想法，共同備課時是補充與調整自己的觀點，而且自己決定哪些要納入自己的觀點；第二，是影響而非指導，除非是專業能力非常差的教師（這不宜用教師共備觀議課的模式），否則多數教師有不同的教學信念、風格與經驗，以「我會怎麼做」來取代「你要怎麼做」，促進教師在共同備課的省思與成效。

教師讀書會可探討的問題

1. 每位社群教師先自己根據本章的表 6.1 或表 6.2，回想自己先前教學時，學生學習的困難之所在，撰寫表 6.1 或表 6.2 的上半部；再於共同備課時間提出，大家共同討論合宜的教學策略。之後，再由第二位教師提出，接著集體討論。以此類推，每一位教師都需要如此。

2. 請各學習領域針對某一個學生學習困難處進行共同備課（或是教學者要進行的教學單元進行備課），包含學習內容、學習表現（評量）與教學策略的細節，可參考表 6.3。請教師務必先自己備課，再共同備課。而共同備課時，除了每一位教師都需要分享外（不要求等值付出），教師們要練習以「如果是我，我會怎麼做」來取代「建議你要怎麼做」之社群對話語言。

第七章

教師相互觀課與觀察記錄

　　本書理念使用「相互觀課」一詞取代「公開觀課」，原因是教師進班觀課是相互協助觀察，而非檢視教師的教學行為。我在《素養導向的教師共備觀議課》一書中提及，教師相互觀課是指教師相互協助觀察學生的學習行為，畢竟一個教師教學時無法關注所有學生的表現，其他教師進班觀課，協助蒐集學生表現資料，以利後續診斷與討論因應學生學習困難的教學策略。

　　教師相互觀課除了主要觀察學生表現外，我這兩年來的研究發現，部分教師觀課時關注的焦點沒有聚焦在幾個特定學生上，亦即到處看看，也隨興記錄，即使教師已經描述許多並記錄多位學生表現，卻無法指出學生學習表現之原因；另外，部分教師雖然被要求關注特定學生，卻在教學重要階段（例如：學生書寫習作、學生同儕對話）疏忽記錄，導致所蒐集的資料不足以診斷學生學習表現，當然無法提出合宜的教學策略。

　　觀課是「觀察」，不是「看」，「觀察」是有目的、有焦點，也需要謹慎，而「看」僅是眼睛注視；觀課是課後議課之資料蒐集的重要階段，如果沒有充分理解觀課的目的，而觀課時也無法充分蒐集學生關鍵性的表現資料，那就失去教師相互觀課的目的與意義了。

第一節　教學前的教案說課與準備

　　教師相互觀課時，教學者需要撰寫教案嗎？這是我這兩年來走訪各地，部分教師提出來的問題。我的回答是「要」，目的在於提供觀課者觀課時的對照，亦即觀課者可以觀察與記錄學生在教學者的教學流程下之行為表現。不過，教師倒不必花心力寫詳細教案，除了陳述教學目標外，只要把重要教學活動，依其流程描述出來即可。

邀請學科教師與班級任課教師成為觀課者

本書的教師共備觀議課理念是以改善學生學習困難為目的，而學生的學習包含學科教材知識、學習認知、動機與自信，而團體歸屬感也會影響學生學習。為了充分察覺學生的學習行為表現，教師在進行相互觀課時，可以主動邀請或由學校教務處安排學科教師與班級任課教師成為觀課者。舉例來說，三年甲班的社會領域教師進行教學觀課，全校社會領域教師以及三年甲班所有的任課教師都可以被邀請或被安排，原因是社會科教師對社會領域教材內容理解，而三年甲班的所有任課教師認識學生。

從另外一個角度來說，不同領域的教師也可以進行相互觀課。因為教師相互觀課是以察覺學生學習困難為目的，與教學者不同領域的觀課教師，特別是學生的其他學科任課教師，可以從學生的學習動機、自信與社交關係多加觀察。這如同上一章所提不同任教學科教師亦可以進行共同備課，**原因在於不需要每一位教師在教材、教法和評量上有等值的投入**，觀課亦是如此，不需要要求觀課教師在學科知識、學生學習心理狀態或社交關係上有等值的關注。

不同領域的教師可不可以觀課一直都是許多教師的疑問，除了許多教學策略的應用是適合多個學習領域可用的原因之外，本書理念是：要理解學生的學習表現是一件相當複雜的事，得要每一位教師從自己的專長與專業角度思考，亦即有些教師關注學生知識的學習，但有些教師可以觀察學生的學習動機與自信，對學生學習成效的提升才更有助益。

以教學簡案的教學流程取代指標作為觀察時的對照

在早些時候，部分學校教師會以觀課指標觀察教師行為或學生表現，不過，觀課指標多是透過標準化、普遍化，以及精準化的原則發展，這些外來的指標不一定適用於每個班級的教學情境，更何況有些

指標是針對教師的教學行為設計，那些僅適用於實習老師教學實習的評量或教師甄選之用（多數教師甄選不會有實際的學生在場），不適合本書提及「觀課是關注學習表現」的理念之用。

　　教師在觀課前所提出的教學簡案，可能經過一群教師共同備課，那是一群教師針對學生的某些教材核心知識或某些教學策略所發展的教學活動設計，而之後就是要觀察學生在這些教學活動設計被實踐時的表現情形；即使沒有經過一群教師的共同備課，也是教學者思考某個教材內容與學生特質後所發展出來的教學流程，再請觀課教師協助在這樣的教學流程下的學生表現。因此，本書建議，以教學簡案的教學流程取代外在觀課指標，觀課時關注學生在這些教學活動下的學習表現。

教學者需要在教學前進行說課

　　觀課前一定要請教學者先行敘說自己的教學理念、教學流程和教學重點，並安排哪些教師觀察哪些組別或學生。教學者教學前進行教學說明，也可以讓觀課者先對教學者的教學活動設計以及準備觀察的學生先行瞭解，觀課者也可以在此階段提出問題請教或討論。觀課前的說課即是一種觀課前的會議，細節再說明如下。

　　教學者敘說理念可以讓觀課者知道這個教學活動設計是基於某個理念、某個教材單元，以及可能特別針對某些學習困難進行設計的。換句話說，**如果這是針對一般學習成就低落的學生所進行的教學，而教學者理念是以基礎知識的理解進行設計，就不可以用高層次思考或高層次的建構思維去看待學生的學習。這也就是為何本書主張以教案取代觀課指標的原因。**

　　在陳述教學活動時，是以時間序列的流程敘說，這有利於觀察者注意教學活動的發展以及學生可能產生的學習表現。

　　如果觀察者不瞭解學生，教學者可以說明接受觀察的學生之平時表現、學習風格或學習困難處，提供觀課者背景知識。不過，觀課者

不能先有刻板印象，認爲這些學生就是會學習不佳，這反而無法確切地診斷學生的學習困難。

　　說課之後，教學者可以開放觀課者提問。觀課者對教學活動一定有自己的知覺，在進班觀課前一定要確認自己需要觀察什麼，因此，說課時，教學者與觀課者的互動是必要的。

教學者在說課之後安排觀課教師觀察學生

　　教學者在說課之後協助安排觀察對象，實際進行觀課時，一個課堂教學內可能僅有兩、三位觀課教師，因此，不可能也不需要針對每一個學生進行課堂觀察。班上總是會有些非常需要關注的學生，可能是專心上課但學習效果仍不好，可能是專注力不足，也可能是缺乏學習自信心或缺乏團體歸屬感的學生，導致學習成效不佳。教學者可以請求或安排觀課者觀察這些學生在教師教學活動設計下的學習情形，包含這些學生與其他學生的互動表現。

　　當教學者指出受觀察對象的狀況，被請求協助觀察的觀課者立即要有 (1) 是什麼因素影響這個學生的學習？(2) 在教學者的教學活動設計下，什麼資料是我需要蒐集的？(3) 教學活動和學生學習表現有何關聯？等意識。簡單來說，觀課前先有觀課方向，然而也不排斥觀察到非預期的狀況。

　　其次，有兩種觀課安排方式，因此也會有兩種不同的議課樣貌（議課內容於下一章詳述，這裡先提觀課安排）：第一，多位觀察者分別觀察不同的學生；第二，多位觀察者觀察同一位學生。若是前者，在議課時需要「多加描述」學生表現，以提供其他觀課者在議課時討論學生學習表現的背景知識，才能充分討論學生的困難與因應教學策略；若是後者，則因觀察對象相同，略提學生表現便可以引起觀課者的回憶。不過，前者做法可以觀察經常有學習困難的學生，後者則較少，兩種做法依觀課的目的以及教學者的理念選擇與進行。

觀課者需要在教學者說課時註記觀課重點

　　教學者在說課時，觀課者不僅需要仔細聆聽，還得要註記觀課的重點。圖 7.1 是教學者的簡案（格式僅供參考，依照各校或各教師的習慣撰寫即可）與觀課者在教學者說課時的註記。

　　電腦打字的部分是教學流程，而手寫的內容是觀課者聆聽教學者說課時所書寫的內容，以準備觀課時特別觀察學生在這些教學活動的表現情形。例如：當教學者說明他在引起動機時會提問「一天有幾個小時？」以及進行「溫故知新去複習時間復名數加減計算」，而觀課者則在旁註記「觀察學生在小白板上的計算過程，確認是否理解一小時是 60 分」，觀課者並且認為學生如果能正確答出時間單位，表示學生已經具有先備知識。

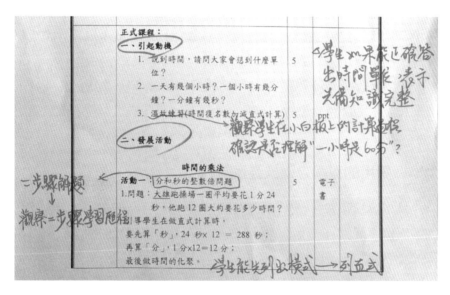

圖 7.1　苗栗縣新埔國小王慶華校長在教學者說課時的註記

　　其次，在教學發展活動部分，教學者在說課時說明教學活動一是以布題的方式進行，引導學生在小白板上做直式計算，而觀課者則註

記「二步驟解題→觀察二步驟學習歷程」，亦即學生若不知道如何計算，要觀察與清楚確認是哪一個步驟出現問題，這即是在觀課時蒐集足以診斷學生學習表現困難之觀課做法。

另外，觀課者也可以從教學者說課時對學生的行為描述在教案上做註記，例如：一位教師曾在說課時提及某個受觀察學生平時就缺乏學習動機，然而，觀課者也可以多加留意：(1) 學生聆聽某個教材內容、(2) 學生在某個教學活動（例如：觀看影片）、(3) 學生和他人互動對話等等情形，藉此更深度地察覺學生學習動機不佳是什麼原因，以及是否在每個教學情境均是如此。因此，當教師說課時提到學生的問題，觀課者也要註記。

上述做法在於察覺學生的學習困難之原因，如果學生已有先備知識，卻在新知識的學習中產生困難，那就不是缺乏先備知識的原因，可能有其他因素。觀課者需要蒐集被觀察學生在不同時間點所表現出來的行為，藉此準確診斷與察覺學生困難原因，才能提出合宜的教學策略因應，這也是教師的教學專業表現。

不過，部分教師教學時可能會脫離原有的教學活動設計，或者是先前提及，觀課時學生會有非預期的表現，這些學生學習表現也要記錄與蒐集。

觀課用的教案之建議書寫方式

為了讓觀課者察覺教學者的教學活動之脈絡與順序，建議教學者將教案撰寫成具有大標題號的活動名稱以及小標題號的細部流程。如表 7.1 所示，再說明如下。

教學活動是根據教學目標發展而來，本書建議教師可以把教學目標當作終點，倒序時間設計多個教學活動。以表 7.1 的教學目標「學生能比較……地形和……地形的不同」而言，要達到教學目標就需要形成性評量，評量之前可以讓學生討論，討論之前要先寫下自己的答案，寫自己的答案之前要先聽教師講解、教師講解之前可以先複習上

表 7.1　觀課用的教案格式

教學單元	（略）
教學目標	學生能比較……地形和……地形的不同
學生描述	（略）
（自設欄位）	

教學流程	觀課註記
一、教師複習先備知識與引起動機（5min） 1-1. 教師提問上一節的內容 1-2. 教師以電腦動畫呈現……引起學生的好奇	學生是否專心聆聽、回應
二、教師講述……地形的特徵（10min） 2-1. 教師以電腦圖片解釋……地形的特徵 2-2. 教師以反例引導學生注意本節課的地形與上一節課之不同處…… 2-3. 教師提問學生關於……	學生回應是否理解
三、教師要求學生寫……地形的學習單（10min） 3-1. 教師複習上一節課和本節課的……地形的特徵 3-2. 教師發下學習單，要求學生書寫	學生學習單是否寫正確
四、教師將學生兩兩分組進行學習單的討論（10min） 4-1. 教師請學生站起來，找到另外一個同學配對後便可以坐下 4-2. 教師請學生對同學相互說明學習單第三題的答案（學習單不可以給別人看，自己用口頭說明） 〔第三題題目是高層次，因此採用兩兩討論，促進學生思考〕 4-3. 教師鼓勵學生質問同學的答案	學生對話內容是否促進思考
五、教師檢討學習單上的答案（形成性評量）（10min） 5-1. 教師請學生回座，再請學生補充或調整原有的答案 5-2. 教師指導學習單上的答案，請學生自己打分數後，要求學生訂正 5-3. 教師複習本課重點	學生訂正情形如何

一節課的內容。如此，便形成了「複習、講述、寫學習單、同儕討論、評量」等五個大標題號的活動。

再者，以大標題號寫教學活動名稱以及以小標題號寫細部流程，可以讓觀課者知覺觀察的流程與重點。

需要注意的是，在觀課用的教案中有一個欄位「觀課註記」，這可以提供觀課者在教師說課時先記錄要觀課的焦點；教學者也可以主動提醒觀課焦點，並且觀課者寫在「觀課註記」欄位中。

教學前需要對學生說清楚觀課的目的

部分學生對於教室內多了幾位觀課教師仍不習慣，可能也會讓家長質疑這樣做會影響學生上課。學校教務主管除需要製發觀課說明書給家長瞭解外，更重要的是教師需要對學生說清楚觀課的目的。

首先，觀課的目的是為了瞭解學生的學習困難，不是在找出學生缺點或對學生評分，讓學生瞭解教師知道學生的學習困難後，會進一步發展教學策略把他們教得更好。根據我多年來的觀課經驗，絕大多數學生雖然一開始不習慣，但都能接受這種目的。

其次，提醒學生有時候觀課者會利用相機拍照他們的學習單（也可以將學生的學習單留下作為議課之用），並且希望學生不用擔心，這些學習單僅在於提供教師討論學生的學習困難之用，宛如醫生會藉由病人的心電圖討論病人的心臟症狀一樣。不過，教師千萬不可以將照片外流，不管教學者或觀課者，這個觀課倫理作為務必自我要求做到。另外，在我的觀點上，全校教師都是全校學生的老師，因此，觀課教師拍下學生學習單進行課後討論是一種教師集體省思，勿過度渲染或評論成教學者的教學成果，這點也需要跟全校教師、家長和學生說明。

第三，提醒學生在教學過程中即使有困難也不要向觀課教師求救，觀課教師也不要去影響或指導學生學習。觀課是基於教師的某種教學理念以及學生平時的學習困難進行觀察，觀課教師的指導會影響學生學習困難的診斷。

如同前兩段所提，全校教師都是全校學生的老師，全校學生都是

全校教師的學生，某個級任導師或是某個學科任教教師只是這學年被安排指導該班學生的生活與學科學習而已，全校教師對全校學生均有共同責任。因此，校內教師（並非陌生人）進入任何一班觀課與協助瞭解學生學習困難，理所當然。反過來說，要讓家長理解，全校教師對學生是如何地努力付出，也期待家長能夠肯定、支持，甚至讚賞。

觀課教室的座位安排要讓觀察者可以蒐集到充分資料

觀課者的座位安排應該要在可以觀察到學生表情、移動兩步便可以觀察到學生書寫學習單、練習操作或聆聽到學生對話討論的聲音之位置，以便蒐集到學生學習表現的充分資料。

部分觀課教師習慣坐在學生隔壁，或者是與學生坐在同一組位置，我雖不反對，但也不建議，原因是雖然可以觀察仔細，但容易被學生看到觀課紀錄，影響學生的好奇或學習心情；另外，也可能影響到坐在教室後面學生的視線，畢竟有些教師身高較高。我還是建議座位安排在教室兩旁，並且與學生有兩步的距離，可以觀察到表情、書寫與聆聽對話的位置，所記錄的內容也不易被學生看到。

觀課教師坐的椅子以輕巧為宜，除了不多占教室空間外，如果觀課教師要移動位置也容易。

觀課者要有正確的觀課專業作為

觀課者被邀請或被安排進班觀課，會觀察到教師的教學行為與學生的行為表現，即使目前教師已經知道進班觀課是以察覺學生學習困難為目的，不過仍有許多需要注意的觀課專業作為。

第一，要帶著察覺記錄的心態，而不是評分教師與學生的想法進入教室。除了不是評價教師之外，觀課者也不需要針對學生學習進行評分，而是以自己原有的教學專業以及學生學習相關的專業背景知識對照與記錄學生的學習表現。

第二，要保持微笑，不管學生表現如何，觀課者除了不干涉學習

外，學生在思考上產生困難時，觀課教師千萬不可以皺眉頭、發出聲音、或甚至有嘲笑學生的語言或表情。

第三，觀課者不可以進行非觀課的行為，例如：攜帶作業批改、滑手機瀏覽非相關訊息或甚至手機通話，即使很小聲也不行。如此行為不僅對協助教學者觀察記錄無益，也失去一個專業教師應有的本分。若真有非得立即處理的事情，可以靜靜地離開，但能免則免。

第四，觀課者對於學生學習行為表現之觀課紀錄，除了在校內社群教師議課時提出外，務必保密，切勿傳遞給非孩子的家長或其他人士，這如同醫生對於病人的病情有絕對保密的專業行為一樣。

成為一位專業的教學觀察者，遵守上述原則是基本條件。然而，是否能真正準確地察覺學生困難之原因，沒有經驗的教師還得要不斷地投入與練習，並且多參與觀議課的活動。

第二節　具有效信度的觀察與記錄

進班觀課是協助蒐集學生學習表現資料，進一步在議課時集體討論學生學習表現的原因，以及提出因應的教學策略，因此，除了觀課紀錄要詳實外，也要注意觀課的效度與信度。本書提供觀議課紀錄表，如附錄四。觀課紀錄欄位中有「行為 1、行為 2、行為 3……」，那是針對某一組或某位特定學生進行觀察，並記錄他們在不同時間點所表現出來的行為。這樣的記錄方式可提供觀課的信度，後面說明之。

💡 觀課紀錄是描述學生在某種教學活動下的學習表現

觀課是以觀察學生學習表現為主，基本上，大致是觀察教師的教學活動是否如同教案的教學流程之後，即把焦點放在學生身上。原因是教師的教學活動早已在觀課前的說課或會議時說明，除非教學者不依照原有的教學流程規劃進行，否則觀察紀錄就是記錄著「當教師講述時，學生……」、「當教師要求討論時，學生……」。觀課紀錄

是描述學生在什麼情境或什麼教學活動下的學習表現情形。

　　要診斷學生的學習困難，需要瞭解這個困難是在什麼樣的教學情境下產生。在一節課中，學生可能在某個教學活動（例如：講述）下沒有學習困難，在另外一種教學活動（例如：討論）下卻產生學習無助感，這不一定是教師教學設計的問題，也可能是學生學習風格或社交關係的影響。

　　不過，在觀課紀錄上，每個教師的專長領域知識不同，任教年級與科目可能也不同，每位教師的觀課向度與其細節並沒有要求要有等值的內容，亦即任教相同學科的觀課教師可以在學生對學科知識的理解上多做觀察與記錄，而任教不同學科的觀課者可以在學生的學習投入情形以及學習互動上多做觀察。如果觀課教師能夠兼具這些專業知識更好，根據我的研究經驗，國小教師的觀課尚可兼顧學科知識與各種學習表現，國高中的課堂觀課可能就略有困難。

教學觀察與觀課紀錄的效度

　　教學觀察要有效度，觀課效度是指準確地蒐集到且真實地和充分地足以表示學生學習表現的資料，以利後續議課時判斷學生的學習表現之意義與原因。例如：當教學中的第二個教學活動是學生書寫學習單或講義，觀課者就應該仔細觀察記錄學生書寫的表現（包含有沒有寫、寫什麼、寫多久……），而不應該去關注教學者是否有課堂巡視，這即是觀課效度的範疇。為達教學觀察的效度，觀課教師要有觀課專業敏銳度，這專業敏銳度來自於對教學者教材內容、學生學習認知歷程，以及教學環境的理解，除了從教學者清楚的說課內容中得知相關資訊外，觀課者也需要有教學專業的基礎或背景知識，再換句話說，沒有接受到師資培育專業訓練的社會人士無法擔任觀課者。

　　教學者對教材內容、學生學習認知歷程，以及教學策略的理解，是用來判斷哪些學習行為應該被記錄的參考背景知識。這些背景知識在本書先前幾章略有提及，教材內容部分可以參考本書第一章，

學生學習認知歷程可以參考本書第四章，而教學策略的理解在本書第五章已略提及教師常用的方法。不過，本書篇幅有限，若教師讀者有興趣，請再查閱其他書籍或文章。

另外，教材知識的細節或先備知識與新知識的關聯，是觀課教師進班觀課前相當重要的背景知識，因此，當觀課教師觀察學生在書寫學習單時，除了記下學生在學習單上寫的內容外，學生看到題目立即寫、看到題目想了很久再寫、寫對或寫錯，以及看到題目後偷瞄他人後再寫，均有不同的意義。教師在觀課記錄時不能僅記著「學生有寫學習單、學生沒寫學習單」，要能夠準備記錄書寫學習單的行為表現和書寫內容，這些行為表現和書寫的內容可以用來判斷學生的學習理解情形。

而在教學策略的舉例上，當教師使用討論教學策略與提供學生互動對話的機會時，觀課教師就是聆聽與記錄學生對話的內容；當教師運用合作學習於教學活動時，觀課教師就要具有敏銳意識準備察覺學生任務分工與合作討論的情形，學生分工過程、每人任務質量、學生參與表現情形，以及小組內的語言，均可以用來判斷學生是否遭遇排擠、察覺學生人際關係與團體歸屬感。這些內容會影響學生學習成效，觀課教師就需要記錄。

簡單來說，觀課教師是一個對觀課情境瞭解的人，在觀課時需要以教學專業作為觀課的基礎，具有觀課效度地記錄學生學習表現。

觀課時對應著教學活動與教案記錄學生行為

一般來說，教學者會依據原有的教學活動設計進行教學，如果跳脫教學活動設計過多，觀課者就需要更細心察覺教學活動與學生表現的關聯。反之，如果教師如同教學活動流程依序進行，觀課者的課堂觀察就容易許多。

為達觀課效度，觀課者需要參考教案的教學活動，教學活動若提到學生要做的事，觀課者就要協助記錄學生做得如何，實際記錄書寫

的文字、說話的內容或操作的行為，簡單來說，觀課者要知道記錄什麼，也需要準確地記錄。

　　圖 7.2 是我在小學課堂的觀課紀錄，電腦打字的內容是教學者的教學活動設計之一部分，而右邊手寫字體的文字是我在觀課時記錄的內容。在我記錄的文字中，多數文字是描述我觀察的學生在教師教學活動中的表現情形，而每段教學活動我都會註記學生這些表現的「意義」（略有畫圈圈註記之處）。

　　另外，觀察紀錄不僅提及學生在教學活動的知識理解情形，也在 3-2 學生開始書寫學習單之處觀察到學生偷瞄別人的答案，亦即各種影響學習成效與可以診斷學習困難原因的學習行為均需要描述與記錄。

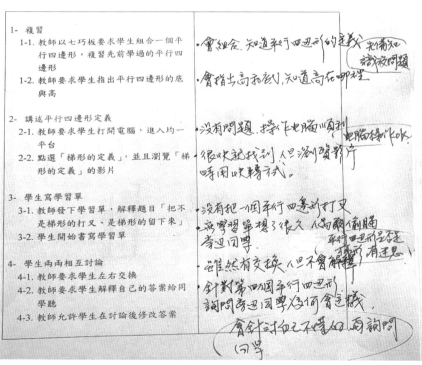

圖 7.2　教學活動設計（教案）與觀課紀錄對照表

觀察記錄學生在不同時間點所表現的行為

學生學習行為之意義，很難以某個時間的行為做判斷，例如：某甲學生在教師講述時玩弄自己的筆，卻在寫學習單時快速且完全正確；另一個某乙學生在教師講述時非常專注，教師提問時也舉手（但未被教師點選回答），在寫學習單時卻想很久，也有好多錯誤。上述這兩位學生的學習表現中，若僅以是否專注聆聽教師講述，可能就僅會判斷誰比較投入而已。如果在綜合其他資料一起思考，我們可能發現某甲可能已經理解教師提出的教材內容，因此可能缺乏學習興趣；而某乙同學可能是有聽沒有懂，如果在先前有設計先備知識的學習活動，並可以一併思考學生是否因為缺乏先備知識，即使專注聆聽教師講述，也無法理解教師教材內容的知識。

在本書提出的觀課紀錄表格上就會有不同時間的行為記錄。表7.2是圖7.2的正式記錄，教師要以圖7.2做為觀課記錄或是以表7.2記錄學生行為表現都可以。但不管如何，某個學生或某組學生在不同時間點的行為表現都均要關注。另外，表7.2的右方有一個欄位「暫時性分析」，教師觀課時或觀課後需要判斷學生在活動1的行為表現是否達到教學活動1的預期目的。教師可以對照著圖7.2，圖7.2第一個活動是複習先備知識，那麼在表7.2的「暫時性分析」就需要根據學生在「活動1的行為表現」之描述進行判斷學生先備知識是否具備；而在圖7.2的第二個活動是講述平行四邊形的定義，在表7.2的「暫時性分析」就需要填寫學生是否理解平行四邊形的定義，不過，只是從學生操作電腦的情形可能難以判斷學生對平行四邊形的理解，就需要在下一個活動中一起說明。

簡單來說，每一個教學活動都有其目的，教學者在教學前可以對觀課者進行說明，而暫時性分析是觀課者描述學生行為表現後，進一步提及該活動目的是否已經達成。若教學活動是引起動機，那暫時性分析要提及動機是否被引起；若教學活動是實驗操作，實驗操作的目

的若是要記錄實驗數據，那暫時性分析就要提出學生實驗操作時是否記下數據；若教學活動是同儕討論，因同儕討論的目的是藉由想法的交換，促進更深層的思考，那暫時性分析就要寫出學生討論促進思考的情形，以此類推。

表 7.2　不同時間的學生行為表現與分析判斷紀錄表

觀察對象	學生行為表現記錄	暫時性分析
王小明（化名） 學習過程： 聆聽、回答、討論、操作、書寫的表現 學習表現：在學習內容上的學習表現	活動 1 的行為表現 會用七巧板組合平行四邊形，也會指出平行四邊形的底和高。	先備知識已具備
	活動 2 的行為表現 電腦操作沒問題，很快就能進入均一平台找到「梯形的定義」的影片。不過，瀏覽影片時用快轉的方式。	電腦操作和進入均一平台沒問題
	活動 3 的行為表現 寫學習單時沒有把一個平行四邊形打叉。對於那個題目想了很久，還偷瞄旁邊同學的學習單。	平行四邊形不理解
	活動 4 的行為表現 老師要兩兩交換與解釋答案時，雖然有交換，但沒有去解釋。趕緊指著平行四邊形沒有打叉的那一題問同學說，怎麼會這樣？	對平行四邊形還是有誤解

　　是否需要記錄行為發生時間？這是許多教師的疑問。加入時間的記錄可以察覺學生參與某個學習活動的持續性，也具有參考價值。不過，如果觀課教師沒有豐富的觀課經驗，我建議可以先不要記下幾點幾分的時間註記，先以單純的行為表現之記錄即可。

診斷學生學習困難的教學活動要包含講述、練習與同儕對話

如果要診斷學生學習困難，但教學者的教學活動卻是一直講述，沒有讓學生回答、書寫學習單、操作練習教具，也沒有進行同儕對話討論，觀課者就可能只觀察記錄學生的表情。這不僅會讓觀課者失去觀察的動力，也無法僅透過表情診斷學生學習困難處。根據我的觀課經驗，有些學生很專心聆聽教師講述，卻在學習成就測驗上表現很差，原因可能在於學生「有聽沒有懂」。因此，教師若要以診斷學生學習困難為目的進行觀課，教學者的教學活動設計就不能僅是某一種教學活動。

本書建議教學者應該至少有三種教學活動設計：講述、練習或操作、同儕對話。觀課者可以從教師講述時觀察學生的專注情形、可以從寫學習單或操作時察覺學生是在哪一個知識環節出現問題，教師可以聆聽學生討論之聲音，從學生的發言中察覺學生是否真正理解教材知識。

上述這些活動在觀課起初，學生可能會因為有觀課者在旁邊而表現拘謹或害羞，導致表現非平時樣子。但根據我的觀課經驗，有些學生在上課後半段或是第二、第三次觀課後就不會拘謹了。如果教學者在觀課前對學生充分說明觀課的目的，學生由拘謹轉變到平常表現的時間會更短。

觀課紀錄以質化資料為主、量化資料為輔

有些行為可以量化，例如：「某丙同學上課舉手五次，都沒有老師點選回答」，或者是「某丙同學被旁邊的同學罵笨蛋後，大約經過五分鐘才拿出課本……。」量化數字雖然可以呈現行為表現的次數以及該行為的強度與持續性，但如果沒有質性文字的描述，單以量化數字難以判斷學生的學習困難。因此，觀課教師的紀錄以質化資料為

主、量化資料為輔，本書更建議，量化數字要呈現在質性描述的文字中，更容易清楚地察覺學生學習行為表現。

另外，部分觀課者會以固定的時間段落（例如：每五分鐘一個觀察記錄欄位）觀察學生學習行為表現，這種觀察記錄適合非常特殊、難以預測行為表現的學生，透過經常發生的行為判斷學生的學習生心理狀態。本書的理念是以一般課堂學生學習的觀察，不適用於典型特殊狀況的觀察。再者，雖然課堂發生的事情相當複雜，但多數的課堂教學都是在教師的教學活動設計之範疇內，可以粗略地預期學生參與、偶有參與或不參與的行為，觀課教師要察覺的是那些參與和不參與的行為，進而診斷學生學習表現的原因。因此，我不建議以固定時間段落記錄的方式進行觀課。

觀課後議課前要推論學生表現的原因與提出因應教學策略

觀課教師在觀課後議課前需要整理觀課紀錄，包含回憶自己所記錄的文字內容、在不同時間點所記錄的行為進行推論，以及診斷學生困難後提出因應的教學策略。

我在前一本書《素養導向的教師共備觀議課》中提及「議課比觀課重要」，議課是所有觀課教師與教學者共同討論學生學習表現，並且集思廣益提出教學策略的時間（議課部分請參閱下一章）。為了在議課時，觀課教師能充分描述學生的學習表現，並藉此提出自己對學生表現之原因以及合宜的教學策略，觀課紀錄需要在議課前略做整理。

首先，觀課教師需要檢視紀錄是否充分，文字量多寡不拘，詳細文字描述或關鍵句描述均可，重要的是觀課者在議課時能夠看到自己所記錄的文字便能口頭描述出來。若有不詳之處，教師趁觀課記憶尚未消失，可再補充。

其次，教師需要綜合不同時間點所記錄的行為表現進行意義的推論，由於學生有許多行為表現，所以推論可能不只是一個。以表 7.3 而言，我們可以提出兩點行為意義的推論，如表 7.3。由「**會指出平**

行四邊形的底和高」和「很快就能進入均一平台找到『梯形的定義』的影片」來確認學生對平行四邊形是否是梯形的困難並非是缺乏梯形的先備知識，也不是在操作電腦上的問題，而是快轉看影片而沒有注意到重要的定義關鍵文字「一組對邊平行，另一組對邊不平行的四邊形」，形成「推論1」；其次，由「想了很久，還偷瞄旁邊同學的學習單」來判斷學生自己感覺到平行四邊形兩組對邊都平行和其他圖形有點類似卻覺得有點奇怪，再從**「趕緊指著平行四邊形沒有打叉的那一題問同學說，怎麼會這樣」**確定學生對平行四邊形是否是梯形之概念不清楚。

表 7.3　從學生行為表現描述推論學生學習行為之紀錄表

觀察對象	學生行為表現紀錄
從學生多個行為推論學生表現的原因	1. 學生對於平行四邊形是否是梯形的一種，概念不清楚。因為先備知識沒問題，電腦操作也沒問題，我想學習單上的錯誤之原因是來自於在瀏覽影片時進行快轉，可能沒有注意到梯形的定義是「一組對邊平行，另一組對邊不平行的四邊形」。 2. 學生對平行四邊形是否是梯形之概念不清楚，導致在寫學習單時有點缺乏信心，才會偷瞄別人，也才在看到別人答案不一樣時去問別人。

再者，觀課教師在推論學生表現的意義後，察覺學生的學習困難之原因，就得自己繼續提出因應的教學策略。

以表 7.3 而言，觀課教師已經初步推論學生在瀏覽影片時沒有專注瀏覽，導致學生對平行四邊形是否是梯形有了迷惑，因此，在教學策略上，觀課者認為「即使讓學生看梯形定義的影片，也需要在看完之後，確認梯形的定義與細節，才進行學習單的評量或練習」（或者是「要求學生寫學習單之前，要先複習核心知識與細節」），這些內容需要寫在「擬定教學策略」那個欄位上，以便在議課時分享自己的觀點，如表 7.4。

表 7.4　從學生學習問題的推論擬定教學策略之紀錄表

擬定教學策略	即使讓學生看梯形定義的影片，也需要在看完之後，確認梯形的定義與細節，才進行學習單的評量或練習（或者是「要求學生寫學習單之前，要先複習核心知識與細節」）。

 提高觀課效度與信度的觀課紀錄

　　先前提到觀課的效度是觀課者能準確地蒐集到學生學習行為表現資料，這其中得要基於教師對於教材內容、學生學習認知歷程，以及教學策略的理解；然而，要有相當精準的效度非常不容易，例如：學生寫錯學習單上的題目的原因很多，包含看不懂題目、缺乏先備知識、只是粗心或心不在焉等，因此，在推論學生表現之意義時，就得要有準確的證據，提高觀課的效度。

　　然而，效度是一種準確判斷，在當前的研究或教學中，似乎無法百分之百準確判斷。為了察覺學生真實表現的意義，除了要有準確的證據提高效度外，觀課教師如果能察覺學生在不同時間點不斷地呈現某個困難，這有相當高的價值，此即是內部信度的意涵。舉例來說，學生被教師點選回答問題時說不出答案，在學習單上對類似的問題也無法寫出正確答案，以及在同儕兩兩討論時也無法說出答案，這個學生對於某個題目的答案在三個不同時間點上表現都一致（都無法呈現正確答案），我們可以說這樣的觀察紀錄具有內部信度。

　　「內部信度」是指內部觀察行為的一致性，而先前提出準確的證據是「效度」，兩者之差別在於是否針對同一個事件（題目的答案），前者是在不同時間點的同一表現之類似資料推論，後者則是準確地描述學生在教學活動中的行為。

　　另外，還可以更準確地診斷學生表現原因的做法是：「不同的觀課者對某個學生有類似或一致性的察覺、記錄或觀點」，這即是外部信度的一種。

觀課效度與信度會在不斷觀議課中愈來愈提升

針對學生學習的觀察與記錄在國內學校的應用仍不普遍，除了特殊教育領域多有一些應用外，早期多數學校教師經常運用外在指標觀察教師的教學行為，或者部分針對學生學習行為對照指標進行判斷。然而，學生的學習表現以及學習困難之原因相當複雜，外在指標不一定適用於自己的課堂觀察情境中。

表 7.5 是我整理這兩年來參與中小學老師的觀議課之紀錄所發展出來的類型，是以觀課焦點為做分類。

從表 7.5 可以發現，愈往下面欄位看，老師的觀議課紀錄愈具有效度與信度。若要具有效度則需要有第四類的紀錄，不僅觀察學生行為表現，也需要準確地紀錄表現內容。而第五類則是針對特定學生持續性的觀察與紀錄，且亦能準確地記錄細部表現，此類型的觀議課紀錄即傾向具有效度與信度。

表 7.5　觀議課紀錄之分類摘要表

類型	觀課焦點	觀課紀錄以及議課時的語言之舉例
一	以特定標準檢視教師行為	1. 老師沒有引起動機。 2. 教學前要先班級經營，管好學生秩序。 3. 要面帶笑容，講話語調要能抑揚頓挫。 4. 教學時要左右走動，不要固定站在一個地方。
二	教師的教學技巧	1. 老師指定學生回答要兼顧遠近學生。 2. 用獎勵技巧要兼顧公平性。 3. 學生寫學習單時，教師要巡視指導。
三	學生的行為表現	1. 有一個學生邊上課邊吃東西，老師沒看到。 2. 我觀察的學生他沒有參與討論。 3. 老師發學習單時，他有在寫，但寫了又擦，擦好久。
四	學生的細部行為表現	1. A 同學寫等差級數題目時先寫了 3.6.9.15.24.39.63……再來就停了；我後來轉去看 E 同學，E 同學有寫出 3.6.9.12.15.18…… 2. 學生討論時，E 同學小聲地講了「兩隻青蛙八條腿，但沒有人理他」，另外一組都安靜沒發言。

類型	觀課焦點	觀課紀錄以及議課時的語言之舉例
五	學生的持續性細部行為表現	1. 老師講概念時，A 學生有注意聽，寫題目時卻在修他的彩虹筆，而討論時他有講出面積是上底＋下底乘以高，沒有講出除以二。 2. 一開始老師請 E 同學回答，他説青蛙就是兩隻手兩條腿，其他同學都在笑他，老師也沒説什麼，他好像有點生氣，後來就玩自己的筆，沒聽課了，之後的討論也都不講話了。

　　教師在觀議課時需要在效度與信度上自我要求（議課的部分請查閱下一章），不斷透過觀課和議課的機會練習，有參與投入一定會有成長，多練習也一定可以提升效度與信度。更重要的是，教師透過良好效度與信度的觀議課，除了自己提升教學專業外，也可以讓社會大眾肯定教師的教學專業。

將觀課紀錄表裝訂成觀課紀錄本

　　各級學校進行教師相互觀課時，教師一定要記錄。然而，部分學校僅提供單張一頁的表格紙本，當教師記錄與觀議課之後，不容易保存。這是教師智慧的結晶，我建議各校教務主管製作觀議課紀錄本（或連同共備紀錄表一起裝訂），提供給教師使用。

　　教師在每一次的觀議課記錄後均留有專業成長的紀錄，即使學校要進行校務評鑑，提到教師的專業成長之資料時，一本本教師的觀議課紀錄就是眞實的社群教師專業成長記錄。

　　另外，教師也可以在未來教導類似單元時或遭遇到學生類似問題時，立即可以查閱先前的紀錄，將以前所學習到的教學實務知識應用於自己的課堂中。

本章小結

　　本章接續先前《素養導向的教師共備觀議課》一書的理念，教師

相互觀課是指教師相互協助觀察學生的學習行為，觀課是「觀察」，不是「看」，「觀察」是有目的、有焦點，也需要謹慎。為了達到相互協助觀課目的，教學者於教學前需要提供教學簡案，並在教學前說課時，依據簡案中的教學流程一一敘說教學活動，而觀課者需要先行註記觀課的焦點，以利蒐集學生在教師的教學活動設計下之學習表現。

不僅教師需要瞭解教師相互觀課的目的，也需要向學生說明觀課的目的以及在觀課時可能會發生的事，也讓家長知道學校教師的專業投入行為。

不過，教師要能展現教育專業，在進行觀課時，要呈現觀課效度與信度。觀課效度是指準確地蒐集到真實地和充分地足以表示學生學習表現的資料，而信度是透過相同行為的發生以及多位觀課者有一致或類似的紀錄彰顯而來。有了觀課效度與信度後，才能推論學生表現原因，以及提出改善學生學習困難的教學策略。

教師讀書會可探討的問題

1. 請教師進行觀課時，根據教師的教學簡案觀察與記錄某特定學生在不同時間點所表現出來的行為，之後，大家再分享各自的觀察紀錄，相互學習觀課紀錄的焦點。或許某些教師在某些特定行為之紀錄非常完整，也或許某些教師對於學生某個特定行為具有敏銳度，大家可以集體分享，相互學習如何記錄。

2. 請教師們在觀課後，以自己或者是某位教師的觀課紀錄作為討論的素材，大家集體思考如何提升觀課的效度與信度？例如：在哪些時間點可以再觀察記錄什麼行為？觀課者如何分配觀察對象？甚至，教師們需要補充或增加哪些觀課訓練？

第八章

教師議課的對話與自我省思

　　教師議課是一種分享，是每一個觀課者將觀察的結果、學生表現之意義推論，以及因應的教學策略輪流說出，那是基於協同學習、價值分享的學理基礎。早期的教學觀摩，在教學演示過後，通常是觀課者對教學者的行為做出建議提供給教學者，有時為了人情或和諧，也可能沒有認真觀察，所提出的建議多也以表面成分居多，可能是表面的讚美（例如：很活潑），或者是對一些似是而非的教學行為提出建議（例如：寫板書時不要背對學生），這對改善學生學習沒有多大的助益。

　　以學生學習困難進行教學觀課與探討，不談論教學者的教學行為，不給「教學者」建議，議課是一種教學研討，討論學生出現了什麼問題，每個人分享自己的觀察紀錄後，大家集思廣益，思考解決學生學習困難的教學策略，這些教學策略都可以讓每一位教師學習與使用，亦即任何一個觀課者都可能在議課的教學策略研討中獲益，而不以給教學者教學建議為目的。

第一節　議課時進行教學研討

　　教師觀課後的議課是一種教學研討、案例研討，並不是輪流對教學者提出建議，而是輪流分享自己的觀點，每個人再從其他人的觀點中，相互刺激思考與相互對照比較，若自己覺得他人的觀點比自己好，或自己聆聽他人觀點後產出更創新的想法，便可以相互學習，這就是以實務情境為主的教師專業成長。換句話說，教師集體議課是透過學生學習困難進行研討，每一位教師都需要分享自己的觀點，在分享中相互學習，此種學習不是說服別人、建議別人或指導別人，學習主動權在自己，是自己思考可以從別人那邊獲得什麼。

教師議課不是評價回饋，而是一種平等對話

觀課後的議課涉及每一個觀課者基於觀察紀錄的省思和觀點，部分教師認爲觀課後需要給予教學者建設性的回饋。回饋是指提供給教師關於教學過程中的任何資訊，而建設性的回饋是基於觀察資料、重新建構新單元，以及可鼓勵教師往新的挑戰去發展的對話。教學回饋是整體觀察過程的重要階段，提供回饋的人需要有能力提及教學相關資訊，亦即提供回饋的教師要有足夠的專業能力。

也因爲「提供回饋的教師要有足夠的專業能力」，如此說來，教學回饋像是一種較多知識給較少知識的人建議的感覺，否則大家都具有足夠的專業能力就不需要回饋了，因此，本書認爲在一般學校社群教師的共備觀議課中不要用「回饋」的態度，因爲那可能造成「觀議課還沒實施或還沒討論就讓教師間有優劣之分」，這也是本書書名使用「深度對話」而不是「專業回饋」的原因。

教師議課是透過教學者的教學演示促進觀課者思考自己平時的教學，教師們一起討論平時的教學問題以及大家未來可用的教學策略，在這其中，教師們是平等的，共同對教學過程進行相互對話，共同分享觀點、共同討論未來可用的策略。

 議課時輪流陳述與討論

議課時的輪流分享相當重要，這是促進教師學習的關鍵。如果只是部分教師提出看法，另一些教師不願意發言或僅寒暄兩句，根據我的經驗，這種情形會導致愈來愈少人願意分享自己的觀點，教師協同學習的價值就會消失。

在議課時，要有主持人，主要任務在於若有教師多談些非觀議課的事情，就得制止並將議題轉回學生學習困難的討論；若部分教師談論過於淺顯，也可以提醒多描述一些。其次，議課時可以進行兩輪的發言，亦即每個人輪流陳述，之後，再進行第兩輪的相互請教；也可

以在一個教師發言後，有疑問的其他教師可以立即提出問題與集體討論，之後再請第二個人陳述觀課紀錄以及後續的討論。

陳述觀課紀錄即是把觀課紀錄表中的三個項目描述出來，亦即先談學生學習行為表現，再提這些表現之意義推論，最後再提出自己所產出的教學策略。在陳述時，其他觀課者需要仔細聆聽，才可能進行相互對照比較。不過，需特別注意的是，第一個觀課紀錄項目之行為一、行為二、行為三等務必精準地描述，不要有含糊、個人主觀意識或刻板印象的語言，例如：「他看起來很高興」是一句含糊的句子，而「低成就學生學習有困難」則具有個人主觀意識或刻板印象。

另外，先前提及教師共備觀議課是基於協同學習和價值分享的理念，既然是價值分享，那就是各自分享自己的觀點，教師相互學習。換句話說，教師「不需要說服別人接受自己的觀點，而是思考自己可以從其他教師的觀點中學習到什麼」。

因此，教師議課時不需要發展共識，每個人分享觀點，相互刺激思考，不斷討論的結果，自己決定要不要接受。

💡 議課時的發言使用「我」或「我們」當主詞

教師在議課中輪流分享，當描述學生學習行為表現與推論表現的原因後，不要使用「建議教學者……」這個語詞。每個教師針對自己觀察的學生行為進行推論，再擬定教學策略，是基於自己的教學專業，也可能是基於自己先前成功的教學經驗。不過，教學情境不同、教學風格不同，學生也不同，不需要把自己的經驗強配套入其他教師的教學情境中。另外，既是分享，就是分享自己的觀點。因此，使用「我會怎麼做」、「我以前怎麼做過」、「（基於我的經驗）我認為……」等語句，少用「建議你……」或「你應該……」等語句（不過，這不適合對於專業能力非常差的教師之輔導作為）。

另外一種發言語詞是「我們」，使用這種語詞的人認為「學生是我們大家的」、「你教的教材內容，我也要教」和「大家討論出來的

教學策略，我也可以用」等。因此，當描述學生表現與推論原因後，提出教學策略時便會說「我們以後可以使用什麼方法⋯⋯ 」、「當面對這樣的學生，我們應該要⋯⋯ 」，以及「如果我們去做什麼，應該會⋯⋯ 」等語詞。

更進階的是，教師社群可以藉由共備觀議課發展許多良好的教學策略，每一種學生的學習困難，都可以發展出一些改善措施，社群教師再自己轉化於各自的情境中運用。

議課時要能指出學生學習問題

觀課時充分記錄學生的學習表現，而在議課時就得指出學生的問題，這即是行爲表現之意義或者稱爲推論。例如：表 8.1，學生把 14+48 寫成 512，觀課教師記錄後可以推論爲學生對於「位值」概念不清楚，僅用口訣方式計算，四加八等於十二，寫成 12，一再加四等於五，5 不知道寫哪裡，便寫在 1 的左邊。因此，「對於位值概念不清楚」即是這個學生的學習問題。

表 8.1

$$\begin{array}{r} 14 \\ +48 \\ \hline 512 \end{array}$$

另外，觀課時，若有必要，得記錄學生表現的動態歷程（某一特定行爲在不同時間的表現）。如果只有觀看學生的學習結果，就無法判斷最後的答案是如何產生的。例如：下列表 8.2 是某學生書寫計算的情形，共分爲三個時段，最左邊是在自己的座位寫在小白板上，中間忽略了觀察，而右邊是教師要求某學生把小白板拿到黑板放著時的情形。

表 8.2　在不同時間點持續觀察某個學生的例子

問題：放映一場電影需要花費 1 小時 55 分，戲院某日放映五場，共花費多少時間？		
在自己的位置計算時 　1 時 55 分 ×　　　5 —————— 1　275 275÷60 = 4...35	**?**	把小白板拿到黑板放著時 　1 時 55 分 ×　　　5 —————— ̷1　275 9 275÷60 = 4...35 答案：9 時 35 分

　　從學生在上面題目的書寫計算情形發現，雖然 9 時 35 分的答案是正確的，但看不出來 9 是如何得來的？是否是算在心裡頭？還是有其他原因？

　　根據觀課者的觀察，其實是該學生在被教師要求拿到黑板放著前，看到「自己的答案跟旁邊同學不一樣」，就把自己的答案改成 9，和旁邊同學一樣的答案。而根據導師的說明，此學生並非不理解教材，只是偶爾粗心，但平時做事就缺乏自信。因此，「缺乏自信」即是這個學生的學習問題。

　　如果只是粗略觀察全班學生，或者是沒有在不同時間點持續觀察某個學生，就可能會發生表 8.2 的情形。而當觀課者記錄學生的計算過程，就比較容易判斷學生學習錯誤的原因。

多位觀議課者可以尋求議課的外在信度

　　上一章提及，教師觀課不可能觀察所有學生，教學者可以安排觀課者特別觀察哪些特別需要關注的學生。如果有兩位以上的觀課者關注同一位學生或同一組學生，便可以尋求良好的議課外在效度。

　　因為每個觀察者的對象都相同，因此，在情境描述上就不需要逐步記錄過程，而應把心力投入在學生表現原因的診斷以及提出因應的教學策略上。

再者，在議課時，由於每個觀課者提出的焦點不一定相同，也可能觀察到類似的行為表現，每位參與的教師要儘量提供多元學生表現資料，當聆聽到與自己相同的紀錄與觀點時，便可能引起認同與促進後續的討論。

如果觀課教師對學生某個行為表現均有類似、甚至相同的看法，在學生表現的推論上就可能有較高的外在信度。不過，這些類似或相同的看法最後再經過討論確認，不管是學生困難的推論或是教學策略的研討，觀點是愈磨愈利、愈討論會愈完整。

觀察不同學生和觀察相同學生的陳述內容略不同

不過，如果觀課者太少，需要關注的學生太多，可能就無法安排多位觀察者觀察一位學生。然而，還是可以請觀課者詳細描述、提供更仔細的學生行為表現資料，先讓每位觀課者對其觀察的學生之學習表現有完整的資訊，必要時提供書面文字或者是將重點行為詳細地寫在白板或黑板上，或者是利用手機相機拍下學習單書寫過程中的多張連續照片，用照片呈現觀察紀錄，讓其他教師可以清楚地瀏覽，在看著照片紀錄，充分掌握學生的表現之細節，再進行議課討論。如果每位觀課者都有觀察的效度，理論上，在提出表現推論以及提出因應的教學策略上，應該可以建立外在信度。

若觀課者觀察不同學生，在情境資料充分描述後，或者是觀察相同學生而對其情境有類似知覺後，便需要開始分析學生的學習問題。每個人陳述的內容就如同先前所提，描述情境資料後，接續提出自己對於學生學習問題的看法，並提出自己認為可行的教學策略，之後再進行討論，也鼓勵教師不斷地調整自己的觀點。重要的是，每個人都要分享，不需要擔心自己的觀點和其他人不同，才能激盪出更多的好方法。

納入學生平時的生活表現為診斷的證據

即使教師蒐集到學生上課時的學習表現資料，在推論學生表現意義之原因時會發現證據不夠充分，這往往不是教材核心知識的學習理解上，而是在學習動機或者是社交關係上。即使教學者講述非常清晰明白，部分學生卻仍東張西望或無精打采；當教學者要求學生站起來去找同學討論，觀課者可能會發現少數仍坐在位置上。這些學習表現的診斷，無法從一節課內的所有觀察資料進行判斷，得要加入學生在其他課堂的學習、平時在校生活、甚至家庭生活等資料才行。

本書上一章提及，觀課時，教學者的班級之所有學科任教教師都應該被邀請或被要求參與觀課，而在議課時，這些教師便可以提供那些被關注學生在其他學科學習的表現情形，包含學習表現、學習成就、學習動機與自信，以及團體互動情形，而該班級的導師更可以提供學生的家庭生活狀況，議課教師從中診斷學生學習動機不佳或是學習表現不佳的原因。

一個真實的例子是：全班學生被教師要求自己找一位同學相互討論學習單的答案，觀課者發現某位學生（化名：阿明）總是坐在位置上，任課教師發現後便前去提醒阿明，阿明看著教師，也看著全班，但仍然坐著繼續寫。兩分鐘後，教師又來提醒阿明，阿明終於站起來往前走，看到一位同學正坐在位置上，觀課者本來以為阿明會去找他討論，卻又回到座位上繼續寫。在議課時，部分議課者認為是阿明的學習單還沒寫完，一位觀課者卻認為阿明缺乏和同學討論的動機。不過導師發言時指出，其實阿明經常不洗澡而身體經常發臭，也與家庭照顧者有關，身體發臭導致社交關係不佳，也缺乏學習自信。

從這個例子可以發現，觀課者觀察到阿明仍然在寫學習單，可能也是假裝在寫學習單而逃避去找同學討論，如果沒有級任導師提出阿明平時與家庭生活的資訊，觀察者可能就誤判學生學習表現的原因了。

教師觀議課的內容要涉及教材教法

根據我多年來的研究，我發現教師觀議課時，雖然已經開始關注學生的學習困難，但在提出因應的教學策略時，多數提及的是教學技巧，較少提到教材內容要素的細節。舉例來說，當教師看到學生不知道運用剛剛所學習到的公式去解決一個應用問題，教師提出來的因應策略是「學生不會寫……轉頭看旁邊的……鼓勵學生討論」，這屬於教學技巧；若是提出「那個應用問題是屬於邊長和角度的關係……學生寫到一半停下來……教師可以把應用問題改成三個小題的題組……」，這是屬於教材內容要素。

會有這樣的差異，有三個可能原因。第一，是教師觀課時沒有記錄學生的書寫表現或僅是在遠方觀看，導致只能就學生的動作行為去提出教學技巧；第二，以往教師進班觀課大都觀察教師教學表現並對教師提出教學技巧的建議，長久以來的習慣導致如此；第三，教學技巧容易被察覺，好的教學技巧讓人看起來教學活潑，不少人看一個教師教學是否成功往往被表面的態勢影響。

然而，學生的學習重點是教材知識，教學技巧僅是催化、促進的作用。不過，這也不是說僅關注教材知識，而去忽略教學技巧，教材與教法是相稱的，不同類型的教材內容也應該有不同的教學技巧。因此，教師在觀議課時，觀課紀錄與議課內容要兼顧教材與教法面向的內容。

 當教師無法產出教學策略時，即是下次專業成長的主題

每位教師的教育專長可能不同，有些專精於學科知識、有些比較熟悉學生心理，另有些則常發展創新教學策略。理想上，不同教育專長的教師從自己的專業角度指出學生學習問題，並提出策略，這對於教育改革與學生學習成效一定會有幫助。

不過，如果教師們在分析學生學習問題時略有困難，或者在教材分析略有疏漏，在產出因應的教學策略時過於淺顯或不知如何處理，這便是教師專業成長的需求，各校的教務主管得要記下這些問題，再邀請校外專家教師或教材教法的學者前來指導。雖然這種因應學生學習與教師專業發展需求的工作坊仍與教學實務上略有落差，卻是補充教師處理學生問題以及觀議課前之相當重要的基礎知識。

第二節　自我省思教學實務知識

觀課後的議課是以觀察學生學習表現等紀錄爲證據，教師詮釋紀錄爲對話焦點，而討論後之教師自我產出的新觀點是教師專業學習成長的來源。雖然教師的專業學習是基於學生的學習成效，然而，**教師教學實務知識的學習是來自於教師的自我省思**，亦即透過自己原有的教學實務知識看待學習的事件，再聆聽他人，將他人教學實務知識與自己的教學實務知識進行對照比較，進行調整或改變自己原有的教學實務知識，這種自己教學實務知識的前後落差即是一種成長。

教師教學實務知識的發展

教學實務知識是在複雜情境變化的教室內，面對所有學生的綜合學習情況時，教師用來處理教學事件的知識，它整合課程理論、實務經驗、個人特質與社會情境，不斷地融合與顯現在教學活動設計中，也可再透過教學活動的實踐自我提煉。教學實務知識的發展需要透過經驗累積，不斷進行知識重構，教師必須具備足夠的教學實務知識，才能因應不同情境做不同判斷，進而選擇合適的策略協助學生學習。

理論上，教師進行觀議課與其教學實務知識的運用和發展有密切的關係，亦即教師參與觀議課時，需要以教學實務知識爲基礎判斷教室內各種事件的意義與產生觀議課的初步看法，而教師再透過對話相互分享觀點後，可能調整或改變原有的教學觀點，進而促進教學實務

知識的改變。當教師教學實務知識發展充分，其未來在教學過程中便有足夠的知識基礎處理教學實務。

舉例來說，某甲教師認為學生習作一定要收回來由教師自己批改，同學相互批改會錯誤百出，然而，這位教師到某乙教師的班級觀課，產生了教學實務知識改變的起點。某乙教師在學生寫完習作後要求學生兩兩解釋自己的答案，當學生發現自己的答案跟別人不同時，便激起了討論的動機，某乙教師再引導學生相互解釋自己的觀點，並且去指出別人可能的問題，目的在於以同儕對話促進自己的思考。某乙教師也允許學生在討論與思考後修改自己原來的答案，最後教師再收回批改。某甲教師發現某乙教師的學生不僅多理解習作的內容，正確答題多，教師批改也輕鬆許多。某甲教師把這些方法嘗試在自己的班級運用過後，發現如果學生自己先寫再討論，效果更好；若學生沒有寫就討論，則會有抄襲的現象。某甲老師根據經驗與實踐的省思，最終調整了教學實務知識，把習作收回批改轉變成讓學生先寫再討論、再調整，最後再收回批改，學生理解更多、習作成績也高，教師批改也輕鬆許多。

而當某甲教師具有習作運用的教學實務知識後，若發現觀課學生在寫習作上有困難時，便可以提出「先讓學生寫、再兩兩討論」的教學策略。這即是教學實務知識的成長與在觀議課中的應用。教師在觀議課過程中可能難以知覺他們正在使用或闡明教學實務知識，但是在面對複雜的學生學習問題，教師會透過檢索大腦長期記憶中的隱性知識，回應教學情境，這即是教師教學實務知識的展現。

🔆 議課時或議課後務必寫下學習心得

依據我帶領教師觀議課的經驗，幾乎每位教師都可以從他人的分享與自己的省思中獲得一些教學實務知識改變的機會；然而，在離開觀議課會議後，這些學習心得日久就會遺忘，我建議議課主持人在宣布散會之前，鼓勵或要求每一位參與教師寫下學習心得。以下表 8.3

是江老師觀課後對學生多個行為的推論與自己產出的教學策略。

表 8.3　江老師觀課後的教學策略到議課後的教學策略之調整

從學生多個行為推論學生表現的原因	學生對於梯形面積公式是由平行四邊形面積轉化而來的概念不清楚，特別是學生對於「平行四邊形的底即是梯形的下底＋上底」感覺到很奇怪。
擬定教學策略（江老師）	只讓學生看教師的操作可能不明白，我們可以讓每一位學生一人一份自己操作。
對話內容（此部分不需要寫，透過分享）	王老師：「我們可以在原來的梯形之上底畫上綠色線、下底畫上紅色線，這樣旋轉後學生就可以看見平行四邊形的底就是梯形的下底＋上底了。」 陳老師：「我們可以把梯形變兩倍，在旋轉的過程製作成電腦動畫，讓學生不斷操作理解。」
學習心得（江老師）	在指導學生理解梯形面積公式時，我們可以讓學生在梯形之上底畫上綠色線、下底畫上紅色線。

從上表 8.3 的箭頭看來，江老師在觀課後提出的教學策略是「讓每一位學生一人一份自己操作」，然而聆聽其他教師的觀點後，認為王老師的做法相當合宜，而認為陳老師的做法不符合他。因此，參考王老師的教學策略改變自己的教學策略，這即是江老師參與觀議課的學習心得，並寫在紀錄本中留存，未來在教學時便可查閱應用。

學習心得是自己建構或自己決定

再以上述的表 8.3 而言，江老師原有的想法是「讓每一位學生一人一份自己操作」，聆聽其他教師的觀點後，認同王老師的「梯形之上底畫上綠色線、下底畫上紅色線」之做法。那為何不採用陳老師的做法呢？因為江老師把自己的觀點和其他兩位老師對照比較，發現自己並沒有像陳老師那樣的電腦動畫製作能力，也發現王老師的「梯形之上底畫上綠色線、下底畫上紅色線」比自己要去準備每位學生一份梯形紙片容易許多，畫線的效果也可能更好，因此，調整自己的教學

實務知識，也寫下學習心得。

　　至於陳老師呢？因為陳老師的電腦動畫製作能力很強，他認為讓學生透過動畫以及正轉倒轉，可以更看清楚「平行四邊形的底是梯形的下底＋上底」的關係，因此，他沒有調整或改變原有的教學策略，也因為陳老師有很強的電腦動畫製作能力，他不需要像江老師一樣調整自己。

　　上述的說明有三種意義：第一，教師的教學策略或教學實務知識的改變是基於自己的思考、能力、知識與背景經驗，每位教師的知識與經驗不同，所調整或改變的情形便不同；第二，不需要說服別人接受自己的，而是自己可以從他人處學習到什麼，簡單來說，自己決定，自己根據自己的專業能力進行判斷，教學實務知識是自己建構的；第三，教師教學實務知識的學習不一定是來自於教學者，可能來自於其他觀課者，也就是說，某一位觀課者透過教學研討，學習心得是來自另外一位觀課者的想法，而不是來自教學者的教學技巧。

　　反過來說，如果江老師「建議」教學者要「一人一份」、王老師卻「建議」教學者要在「梯形之上底畫上綠色線、下底畫上紅色線」、而陳老師「建議」教學者要製作電腦動畫，這時候，教學者要接受誰的建議呢？此時，教學者就很難處理這些建議。即使教學者最後採用某一個教師的建議，那其他教師的建議就變成無意義；況且這樣的做法，只有教學者獲得學習成長，觀課者僅提供建議而沒有學習成長，失去協同學習的意義了。

　　教師參與觀議課之學習心得是透過自己能力與專業的評估，自己決定他人的觀點是否採納，是自己建構的。

💡 以解決學生學習困難，發展屬於自己情境的教學模式

　　上述表 8.3 的例子僅是一個教學技巧，如果教師透過觀議課進行專業成長僅是學習一些教學技巧，雖然對自己未來的教學仍有助益，但價值性似乎不高。這可能有兩個原因，第一是觀議課的起點不是學

生早已存在的學習困難，例如：多數學校教師總覺得合作學習難以施展，或者是學生經常放棄數學雞兔同籠的複雜問題，若以此爲起點，在教材或教法上便可能會有大的發現；第二個原因可能是教師的知識與專業能力尚且不足，因此，在學習心得上僅能獲得教學技巧，而較少教學策略。

教學策略是在某個目標下的一系列布局、步驟、流程的連結，教學技巧僅是單一行爲的操弄。若要讓學生進行合作學習並且具有成效，在任務設計、角色分工、階段檢核和評量上，就要有一套步驟或流程，可能也要有些配套措施，這是教學策略的範疇。

學校還是可以先讓教師學習一些教學技巧，對教師一起共備觀議課產生信心，之後，可以針對學生在教材知識上的困難，發展一套知識結構，也可以在學習策略上，發展一套教學模式。亦即是教師透過社群與學生學習困難的教學研討，發展屬於自己教學情境的教學模式。

撰寫教師共備觀議課的報告或海報論文

我這兩、三年來一直發展以學生學習困難爲中心的教師共備觀議課理念，並以共同備課後的教案或教學者基於改善學習困難的教學活動設計，取代外在指標進行課室觀察。有許多教師質疑這樣做，如何判定教師專業成長？我在前一本書《素養導向的教師共備觀議課》第141 頁之圖 7.1 提及，教師專業成長是「以『學生學不會』時的**教師教學實務知識**到『學生已學會』時的**教師教學實務知識**之差異結果」進行評估，並在第 142 頁指出這種專業成長是教師自我敘說，而非外在指標的分數評定。

再者，學校教師努力爲改善學生學習成效的歷程應該讓家長、長官以及社會大眾瞭解，不過，家長、長官和社會大眾難以花長時間參與教師的共備觀議課。因此，社群教師可以將改善學生學習困難的共備觀議課與學習省思歷程撰寫成報告或海報論文，以此報告或海報論

文取代教師專業成長的資料蒐集。若教師尚未有共備觀議課的專業成長習性，此部分可以先行略過；若學校教師已經具有協同學習的組織文化或氣氛，這種報告或論文是真實貼近課堂教學實務的教師成長歷程，值得教師應用，並彰顯教師的教學專業。

多數教師認同這種觀點，卻在敘說或寫作上缺乏經驗。本書有鑑於教師如此的需求，舉例說明撰寫原則以及發展海報格式。

一、學生學習問題

文章一開頭便需要描述學生的學習困難，可能包含學生在哪些學科知識內容、哪些素養的型塑、或者是哪些學習策略的疏漏，儘量描述清楚。例如：

> 我的班級有 21 位學生，大約有三分之一的學生總是在（數學什麼單元、什麼概念、或者是小組合作學習……）的學習時表現不如我的預期……

二、社群教師共同備課

因為學生的學習困難，教學者選定某個單元教材概念或某種學習策略，並邀請社群教師一起進行共同備課。例如：

> 根據上述提到的問題，我選定了（什麼單元、什麼概念、或者是什麼策略）作為教師共同備課的教材內容。我邀請社群教師一起共備課，約定在 5 月 10 日下午第二節，在那之前每個人需要先自己備課，完成……
>
> 在共同備課後，我們擬定的教學活動流程如後……

三、公開課與觀課

由一位教學者實踐教學活動計畫，其他教師進班觀課，包含說課、觀課焦點、觀課安排等，說明清楚，可以呈現照片，也可以繪製圖表。例如：

> 我在 5 月 12 日第三節進行教學，其他教師進班觀察。說課時，我指出我的教室安排……我特別邀請觀課教師觀察我們班的第二組學生……。
>
> 我依照教學活動設計進行教學，過程中，我花了比預期還要多的時間解釋教材……之後，我讓學生寫學習單……我請學生兩兩交換學習單……。課程進行與我的預期有落差，但我發現……

四、教師議課與自我省思

所有觀課教師參與議課，輪流分享觀課紀錄，也提出自己對於學生學習困難的觀點和因應的教學策略。可以將教師發言的重點，以逐字稿引用的方式列出，要包含觀議課的效度與信度，可以將教學成效繪製成圖表。例如：

> 我們在 5 月 12 日中午吃飯時間進行議課，每位教師輪流分享……
>
> 鄭老師：……學生在……可以做出……但我發現學生……這學生另一個時候顯示……又在……可能產出……困難，並指出若……可能會更好。
>
> 李老師：……雖然沒有……但學生表現……已比以前好多……但我發現……不會跟學生……在互動上……困難，我會採用……解決。

王老師：……阿明已經會……但從他……和他……看起來，還是有點缺乏……，可以安排學習陪伴者……。

……在經過兩輪的討論之後，我和四位教師都有一致……我發現原有的問題已經……但畢竟學生第一次……這種問題……我發現王老師和李老師的方法值得我省思，我的學生可能如同這兩位教師所言……

五、學生學習改變與教師專業成長

此部分提出學生學習改變之處，包含教師先前的教學實務知識和觀議課的教學實務知識改變的歷程，這種改變的歷程即是教師專業成長紀錄。若有產出新的學生問題，也需要提及後續的做法。例如：

……先前我在（什麼單元、什麼學習策略）的教學方法是先提出……再……，我總是認為學生學習有些困難，包含……。

經過我們社群教師的共備觀議課，我們認為學生在（什麼單元、什麼學習策略）已經理解，也可以自己發展……說明如下：

1. 學生先前的問題：……

2. 我先前的教學設計：……

3. 共備觀議課後的學生問題：……

4. 共備觀議課後我的教學設計：……

……而我們發現還是有兩、三位學生總是……我們議課後，我的學習心得是……以後我可以在……

教師可以把上述的報告寫成海報論文，論文格式（教師可以自行修改調整）可以呈現如下頁。建議以 A0 格式輸出，並且張貼在學校

公布欄，並在家長參觀教學日或運動會當日以海報架展示。

【○○國中教師專業成長報告】

題目：改善學生⋯⋯的共備觀議課

社群教師：王老師、江老師、李老師

一、學生學習問題

我的班級有 21 位學生，大約有三分之一的學生總是在（數學什麼單元、什麼概念、或者是小組合作學習⋯⋯）的學習時表現不如我的預期⋯⋯

二、社群教師共同備課

根據上述提到的問題，我選定了（什麼單元、什麼概念、或者是什麼策略）作為教師共同備課的教材內容。我邀請社群教師一起共備課，約定在 5 月 10 日下午第二節，在那之前每個人需要先自己備課，完成⋯⋯

在共同備課後，我們擬定的教學活動流程如後⋯⋯

三、教師公開課與觀課

我在 5 月 12 日第三節進行教學，其他教師進班觀察。說課時我指出我的教室安排⋯⋯我特別邀請觀課教師觀察我們班的第二組學生⋯⋯。

四、教師議課與自我省思

我們在 5 月 12 日中午吃飯時間進行議課，每位教師輪流分享⋯⋯

鄭老師：⋯⋯學生在⋯⋯可以做出⋯⋯但我發現學生⋯⋯這學生另一個時候顯示⋯⋯又在⋯⋯可能產出⋯⋯困難，並指出若⋯⋯可能會更好。

李老師：⋯⋯雖然沒有⋯⋯但學生表現⋯⋯已比以前好多⋯⋯但我發現⋯⋯不會跟學生⋯⋯在互動上⋯⋯困難，我會採用⋯⋯解決。

王老師：⋯⋯阿明已經會⋯⋯但從他⋯⋯和他⋯⋯看起來，還是有點缺乏⋯⋯，可以安排學習陪伴者⋯⋯

⋯⋯在經過兩輪的討論之後，我和四位教師都有一致⋯⋯，我發現原有的問題已經⋯⋯但畢竟學生第一次⋯⋯這種問題⋯⋯我發現王老師和李老師的方法值得我省思，我的學生可能如同這兩位教師所言⋯⋯

	五、學生學習改變與教師專業成長
我依照教學活動設計進行教學，過程中，我花了比預期還要多的時間解釋教材……之後，我讓學生寫學習單……我請學生兩兩交換學習單……。課程進行與我的預期有落差，但我發現……	……先前我在（什麼單元、什麼學習策略）的教學方法是先提出……再……，我總是認為學生學習有些困難，包含……。 經過我們社群教師的共備觀議課，我們認為學生在（什麼單元、什麼學習策略）已經理解，也可以自己發展……説明如下： 1. 學生先前的問題：…… 2. 我先前的教學設計：…… 3. 共備觀議課後的學生問題：…… 4. 共備觀議課後我的教學設計：…… ……而我們發現還是有兩、三位學生總是……議課後，我的學習心得是……以後我可以在……

照片1	照片2
照片3	照片4

本章小結

　　教師觀課後的議課是教師相互學習與教學實務知識成長的重要時刻，不管是在議課時第一輪的分享中，教師相互刺激思考，獲得教學省思的機會；或者是社群教師為了改善學生學習困難所討論出來的教學策略，均是以學生的學習表現和教師提出的教學策略為議題，相互分享，專業對話，促進教師自己教學實務知識的改變與成長。這種教學實務知識的改變是教師自我建構，非來自他人的教學建議，也是根據自己的教學專業或其他能力所發展來的。因此，觀課後的議課是一種教學研討，教師進行深度對話，共同成長。

　　然而，教師專業成長如何判定？本書理念是自我敘說，敘說自己在「學生學不會」時的**教師教學實務知識**到「學生已學會」時的**教師教學實務知識**之過程與結果，這種自我敘說是基於自己的教學情境，也是自我建構的歷程。更重要的是，教師要能彰顯自己的教學專業，

教學實務相關的報告或海報論文是一種可行的做法，除了獲得社會大眾的肯定外，也可以提供教師相互分享，甚至跨校分享的資源。

教師讀書會可探討的問題

1. 請教師就實際的觀課紀錄或者以某些先前學生學習遭遇的困難，提出教學策略。例如：教師要求學生進行小組討論時，總是有學生不敢發言，我的做法或我認為可以……。之後，每一位教師自我省思，哪一種方法最適合自己的教學情境？如果只是分享還無法找出合宜的教學策略，教師可以找尋其他資料，再一起討論。

2. 教師們可以討論若要提出「教學實務的報告或大海報論文」，需要做到哪些事？可能會遇到什麼困難？可以有何方法解決這些困難？

第九章

教師社群運作與教師領導

　　這兩年來，各校開始將教師的共同備課和觀議課列入教師社群活動，有些學校教務主管協助教師社群安排共同不排課時間，若需要觀課則以調課方式進行教學與觀察。不過，有些接受我訪談的校長或主任承認這不容易，除了提及部分教師仍然質疑教師觀課的價值性外，多數教師仍持有如同早期那些教學觀摩之觀察教師和給予教師回饋以及評價教師的想法。更有甚者，即使政策已經明顯指出一學年至少一次公開課，還是有少數教師直接表達不願意參與。

　　我在《素養導向的教師共備觀議課》書中提及，學校教師組織文化是一個關鍵因素，其次是教師的個人因素，即使部分教師也理解共備觀議課是一種教師協同學習、相互刺激思考與自我建構知識之專業成長方法，但教室內有其他教師觀看學生，對教學者而言，心中仍有顧忌與壓力。如果我們用政策壓力或行政命令要求教師如此做，根據我的研究心得，多數教師還是會參與，只是以表面性的實踐居多，如此對其教師專業成長以及改善學生學習成效並沒有幫助。

　　不過，已有許多成功經驗可作為參考，教師社群的力量可以跳脫政策壓力或行政命令，藉由教師相互分享與專業對話，促進教師相互學習與自主學習；而校際間的社群交流更有跳脫既有學校組織文化，理解他校教師專業特質之效用。另外，社群內若有教師具有教學領導特質，便可以發揮影響力，帶領社群教師共同發展專業。本章即以這兩年的研究經驗與研究發現，提出學校社群運作的關鍵因素，以及教師領導在教師社群實踐中可以發揮的功能。

第一節　教師社群的規劃與實踐

　　社群運作的目的是透過參與教師的分享，深化自己的教學理念，也藉由教師的省思以及在教學上的改變，影響學生的學習成效。然而，學校教師社群要運作成功以及持續運作，得要有符合教師需求的主題、程序和關鍵因素。

校內教師社群的發展

　　教師社群、教師學習社群，以及教師專業學習社群略有不同，專業學習社群具有很明確的目標與焦點，也非常強調「專業性」地參與。不過，教師專業學習社群的型塑需要有「社群的歸屬感」以及「學習社群的分享與相互學習」之基礎，再以專業性的需求或任務進行對話、分享與討論，進而促進個人與團體的專業成長。換句話說，教師社群運作也有可能經由「社群」發展到「學習社群」的型態，最終形成「專業學習社群」；反之，教師參與社群如果沒有歸屬感或相互學習的知覺體會，專業對話與學習的價值就難以顯現。

　　當前許多學校開始發展教師社群，有些以學習領域會議或年級會議轉型或兼具，有些以教師專業成長需求為主題由教師自組社群，另有些則是由學校根據課程改革之重要議題組織社群，再由教師依其需求選擇和參與。上述這些組織方式沒有優劣之分，但在運作與發展上，得要留意其教師參與的歷程與知覺，有些關鍵因素會影響教師社群的運作，將如後的節點說明。

教師社群的運作之學理基礎

　　愈來愈多的人認同教師專業成長之場域應該在學校裡、在課堂中，以及在師生互動中，即使教師參與教學相關研習活動數十小時或者理解許多創新的教學策略，若沒有在教學中實踐，那純是個人大腦的知識記憶而已。不過，在教學準備與實踐過程中，個別教師的思維有限，因此，在愈來愈複雜的教學情境中，同儕的協助和教師間的協同學習對教師專業成長與改善學生學習品質，比起教師個人實踐具有更大的助益。

　　學校教師社群的組織相當重要，而以課程、教學、評量或學生活動的社群組織，是當前十二年國教課程改革的當務之急。社群教師運用分享與對話的機會，針對教學實踐進行高層次的思考，在分享與對

話過程中，即是教師個人訊息接收、理解、對話、比較和產出觀點的歷程；而從大腦的認知運作而言，教師在對話時會經歷認知理解、認知衝突、認知調整之可能性。換句話說，社群教師對話時之資訊處理流程上，應該包含對訊息的接收與理解、資訊交換、修改調整自己的想法等階段，以促進個人的認知理解、認知衝突、認知調合等認知活動，亦即個人不需要完全接受他人分享的觀點，只需要取其認為有價值應用之處，本書第八章提及，教學實務知識是教師自我建構，非來自他人要求。

　　一個社群要有效運作，教師投入、足夠知能和社群策略是具有成效的準則。投入是指每一位社群教師願意投入心力在社群協同學習中，足夠知能是指社群成員要儘可能地展現專業知識和技能，而策略可以引導社群組織與運作績效。再者，社群成員間開放心胸、誠實的溝通，以及瞭解社群運作中個人的角色任務是重要因素。

建立相互信任與尊重的關係

　　社群教師要發揮教師領導力，得先建立同儕教師間的相互信任與相互尊重的關係。首先，每位學校教師都要被視為可以貢獻價值的專業者，只是教師貢獻的面向與內容不同、或有差異而已。雖然部分學校主管告訴我，校內某老師就是不願意參與公開課，即使參與共同備課也都不發言。這有許多因素，包含教師個人心理、社交關係或對教師社群運作的誤解，但如何運用他人的長處，是教師社群運作的基礎思維。

　　其次，尊重他人的發言，存有「教學實務知識的改變是由個人自我建構」的信念。因此，在社群教師共備觀議課中，教師不需要去說服別人自己是最好或說服別人接受自己的觀點，而是僅以分享和學習他人長處的方式建立專業知識學習模式。

　　然而，在當前臺灣學校文化中，價值分享與相互刺激思考的理念尚未成熟，有時會想去說服他人接受自己的觀點、有時也擔心自己的

觀點不佳而不願意分享，或有時認定他人觀點有疏漏而產生語言上的衝突或心情上的不悅。這種相互信任與尊重的關係，還得需要一些時間瞭解與調合。

💡 社群運作的規劃、主題選定與記錄

　　社群運作要有主題，在社群建置初期，社群召集人便要和教務主管商討教師社群的主題。本書建議教師社群主題要聚焦在課程、教學、評量或學生學習活動上，包含教材知識的深入分析與探討、教學策略的創新與發展、網路科技的學習與融入、學習評量的設計與評估，以及親師溝通與師生互動等班級經營的策略與討論。成人的學習要有成效一定跟其需求有關，若學校教務主管能夠察覺教師平時的教學需求或因應時代發展教師所需要的能力，並在建置社群前讓教師理解其重要性，社群運作便容易建立與運作。少數教師不理解教師社群的定義與內涵，會規劃美食或玩樂等活動，除了與其教材教法或學生學習有「密切」關係，否則需要謹慎審核或調整為上述提及的課程與教學等面向的內容。

　　教師社群有了主題後，就需要確立社群運作的目標。若是以上一段提及的教材教法、科技或班級經營為主題，運作的目標即是「促進或提升教師在那些方面的知識與能力」，期待教師未來在合宜的時機融入課程與教學設計中。

　　有了主題和目標後，下一步即是開始規劃每次社群活動的次主題或內容。邏輯系統化地組織安排次主題內容很重要，次主題要由具體到抽象、簡單到複雜、知識學習到能力表現，最好也包含靜態與動態活動。

　　教師社群運作的成果報告之形式不拘，動態或靜態表現都可以，一次或多次也不是問題，關鍵在於每位教師參與過程、學習心得與省思。因此，我建議學校製作教師專業成長紀錄本，自行設計與發展，內容可包含共備觀議課與社群運作紀錄，每位教師均要有一本，

自行依照自己的參與過程與省思進行記錄，這是必要，並非鼓勵，因為這是教師個人專業成長的結果。

　　特別要提及的是，教師學習是透過自我察覺、自我省思與自我建構的，教師要自我要求，不要以小組報告作為個人參與社群的成果。若教師沒有撰寫參與過程與省思紀錄，各級學校可以提供簡要參考或項目。當教師習慣記錄自己的經驗與省思時，社群運作對教師的專業成長便有了好的起點。

💡 社群主題聚焦在學習評量的設計最能吸引教師參與

　　根據我的研究經驗，若教師參與的社群活動能減少其教學工作的負擔，最能吸引教師參與和投入社群運作中，而設計學習評量的題目即有此效果。每位教師都需要進行教材分析與教學，因為各班級學生不同、教師教學信念與教學風格不同，難有一致性的做法；不過，學生考試題目的命題涉及到學生的成績排名，可能也影響下一教育階段的入學分數，學生測驗的命題就需要有一致性。其次，素養導向的命題比傳統的題目更需要思考，題幹與選項的敘述往往需要事件式的對話或與生活情境連結，而表現任務以及相對應的評分標準表之設計更有別以往，複雜度與難度提高許多。再者，一群教師共同參與評量任務與命題的設計幾乎沒有涉及到教師在課堂中的教學行為，因此就沒有評價教師的疑慮。根據上述這些推論，社群運作的主題若聚焦在學習評量的設計，最能吸引教師參與。

　　亦有社群教師採用先分工再討論，亦即每位教師被安排根據全學期的課程單元與核心素養擬定五道任務表現型的題目與其評分標準表，而六位教師就有了三十題，或許討論過程中針對重複進行刪減，也對一些題目或選項進行調整，最終就會保留二十題以上且經過討論具有共識的題目，每位教師分擔五道題目，最終每個人可以拿回二十道題目，可以自己斟酌在課堂中運用。

　　因此，若社群教師苦思社群主題，或者是學校在建立教師社群

上略有困難，可以先以學習評量設計作爲社群啓動的主題，社群教師可以依據本書第二章提及的素養導向的評量與命題進行社群運作的規劃。

💡 社群對話聚焦在學生學習上最讓教師感受到價值

許多教師已經察覺社群教師的對話要符合社群成員的需求，亦即對話主題要聚焦在課程、教學、評量或學生學習活動上。然而，教師仍存有相互評價疑慮，導致在對話上不願意揭露自己的觀點，最後僅是禮貌性地相互讚賞，這對改善學生學習品質沒有助益。

經過我這兩年的觀察與研究分析，只要教師對話的主題是以學生爲中心，教師的對話就會持續不斷；若僅談及某個教師的教材知識或教學技巧，多數教師的發言便多有保留；若談論教師個人教學行爲，則教師發言將會減少許多。

不過要讓教師的專業對話能夠感受到價值，以學生的學習表現或學習困難當主題的對話時，社群召集人或會議主持人要能引導對話內容要有清楚的知識、技巧與學生表現的詳細描述，主持人可以在教師發言後，以請教的方式請其充分描述，務使參與者投入學生學習表現的思考中，如此亦具有轉移對話焦點在教師的功能。

其次，當社群教師開始討論教學活動設計或因應學生困難的教學策略時，主持人務必引導參與者提供可以促進學生認知思考與產生學習表現的觀點，切勿評價學生或甚至評價教師的教學行爲。

最後，主持人再系統化的連結學生學習問題與因應的教學策略，並做成社群教師對話的初步結果，鼓勵參與教師和自我經驗相互對照，促進教師在教學上的省思。

💡 運用校際社群擴大協同學習效益

校際間的協同學習是教師跨越校本教師社群的互動與學習，教師的學習本就受自己學校文化的影響，當校內的教師信念深深地被自己

學校組織文化所牽引，透過外在的刺激，可以轉化原有的思維，產生對學生學習有利的實務知識。在課程與教學的利益上，校際間的教師協同學習可以分享課程與教學的觀點，也可以呈現自己校內社群的運作風格，激發自己的社群發展，也檢視自己在學校教學脈絡的工作、需求和學生學習的想法，亦可以觀摩他校教師的組織文化，省思自己校內社群的課程與教學之互動發展作為，這種教師專業成長方式，不僅影響學校組織文化和改變教師的思維，學生的學習也在教師的教學品質提升下跟著具有成效。簡單來說，校際社群的協同學習是發生在校內社群教師的運作與校外學校教師社群的運作之交互作用，是建立在校內社群運作的基礎上，並不是學校單一教師與校外單一教師進行對話，也不是校內社群不互動而僅和校外社群教師互動的功能，如果校內教師社群無法彰顯協同學習之功能，校際社群的相互分享與學習可能也難有豐厚的成果。

　　不過，如果學校之間存在不平等，或處在競爭力和文化差異的情況下，校際社群教師之協同學習的成效可能不佳，除非教師自我察覺並把一些不合宜的影響因素排除。

　　在執行上，兩校教師社群運作前，除了自己校內的社群互動與學習外，得要讓兩校教師理解校際分享的價值和利益；其次，兩校社群協同學習啟動時，需要先建立良性互動關係，以茶水點心進行「破冰」活動，以輕鬆的議題交換教學心得，逐漸再加入課程、教學、評量和學生學習活動的議題，讓教師進階式地體驗不同學校組織文化的專業對話形式，並從中分享與相互學習。另外，由於校際社群互動需要共同時間，雙方需要約定，學校也可以提供協助安排。而由於兩校教師文化不同，在互動討論與社交技巧上，可能也需要有經驗的教師帶領。

網路科技可以協助校際社群運作，但更需要引導

　　由於網路科技之便利，兩校社群教師可以約定在某個固定的時

間、在某一會議室與某個共同關心的議題，透過電腦、螢幕與影音設備，再以某個已經獲得認可的程序，逐一分享和對話。理想上，分享與對話的內容包含校內社群的運作方式與其產出的學習心得。不過，教師對於線上分享與學習不一定保有正向的態度，也不一定有意願參與，除了與對方學校教師不熟悉外，原因可能還包含這種互動難以深入，且無法觀察到對方每個教師的表情、動作或書面資訊，也可能僅有薄弱的線上討論技巧，而在資訊組織能力上因為時間限制而有困難，因此，容易產生學習互動與知識建構上的障礙。

網路校際社群的互動除了同步分享與學習外，也可以運用非同步分享與討論的機制。兩個學校社群申請某個互動平台，約定某段時間內分享某個課程與教學的主題，讓參與者得以有充分時間思考問題的答案或同儕的觀點，這種方式不同於同步分享與討論時得要立即產出或回應，有助於討論價值的提升。不過，即使兩個社群參與成員都需要在互動討論中進行認知歷程的運作，而討論的問題和引導討論的技巧同等重要，如果缺乏這些引導，可能導致協同學習不夠深入。

如此說來，校際社群運作除了科技設備的穩定性與時間安排外，更需要有互動技巧的訓練以及主題式的引導。同儕對話的流暢性可以促進理念和經驗的交換，這是網路社群能持續運作且有效的關鍵因素。因此，討論的議題與問題得要事先充分準備，不管採用同步還是非同步方式，得要安排主持討論的教師，再依照程序促進社群教師進行有效的互動。

第二節　教師領導與社群影響力

在社群中，具有教學領導特質的教師需要扮演關鍵身分，發揮教學影響力，才能帶動社群教師的專業成長。教師領導不是一個人的角色或職位，也非權力或責任，而是透過專家教師的成功經驗，發揮他們的影響力，去影響其他教師的學習，在此特別強調的是透過影

響力，而不是具體化地指導教師如何進行教學。在過程中，專家教師除了分享自己的教學信念與教學實踐外，藉由公開他們的教學活動，與其他教師一起思考教學策略，相互領導、相互影響，而不是認為自己所想的就是最好的。由於在執行過程中，發展相互信任與尊重的關係，因此容易改變了學校組織文化以及教師教材教法的樣貌。

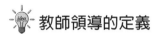 教師領導的定義

教師領導是指某位或某些教師平時仍然在教室中與學生在一起，但卻有「意圖」，且「刻意」和社群教師一起對話，試圖影響社群內教師的課程與教學上的專業。這些有意圖的教師能夠影響他人，並不是從上級得到權力，而是從社群其他教師中獲得認同，這種認同會轉變為一種權力，讓這些專家教師可以持續影響其他教師，其他教師也可能願意接受影響。簡單來說，這種權力是來自教學專業能力的影響力。

反過來說，如果教師領導是一個位置或傳統的領導角色，就可能會有特定的任務，如此就不是影響別人，而是一種指導或行政命令關係，因這種指導或行政命令關係會造成教師的權力不平等，如此可能不利於學校內教師間的專業成長。

誰可以發揮教師領導的功能，亦即誰可以發揮影響力？理論上，每一位教師都可以發揮教師領導的功能，這無法用某個標準檢核，只要教師自己有專業表現，無論是在教材設計、教學策略、教學評量或任何教學實務上的創新，就可以在學校成員面對改變需求時影響他人。在課程改革初期，學校可以尋找對教學具有信心或是具有天生領導特質的人擔任社群召集人或成為發揮影響力的教師，再由上級給予支援和支持。

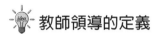 教師領導不是中介領導

教師領導並非是介於上級與教師之間的中介領導，不是轉化政策

或行政命令，而是由教師呈現自己的教學專業與熱情，進一步影響同僚教師。換句話說，發揮影響力的教師並不需要滿足學校課程改革的績效去進行某些行爲，也無需擔負學校教師專業成長的責任。

即使課程改革與教師專業成長的政策相當明確，但教師的聲音在教師的專業成長與專業學習過程中需要被彰顯，因爲教師理解教材和教學設計、有責任和權力管理學生的學習歷程，也只有教師才知道教師專業成長的需求。換句話說，教師影響同僚教師，將比政策或行政命令影響教師更貼切教師的需求。

這些具有影響力的教師也要自我體認自己不是領導者、不是評鑑他人的人，更不是上級安排的指揮者或協調者。在相互尊重與信任下，在社群中先發言和先表現，也聆聽與接收他人的觀點，進而透過自己的成功經驗和綜合多方想法，影響他人一起投入思考教學策略。

邀請具有教學自信的教師先啓動公開觀課

依據我的研究心得，教師對於參與共同備課與集體議課比相互觀課的壓力少了許多，原因是教學觀課時，學生的學習有太多無法掌握的因素，學生的學習表現不佳會被誤解成教師教學不力，共備觀議課中之觀課才是部分教師抗拒的主要項目。

教師對於相互觀課的觀點與實踐的動機不一，如先前所提，除了學校組織文化與個人因素外，教師對自己的教學是否具有自信心是啓動教師相互觀課的第一步。對教學沒有自信的教師，即使在良性組織文化中，也即使願意或被安排觀課，都會產生焦慮與壓力，導致精神緊張，甚至出現頭痛、睡不好而恍神等症狀。

再者，那些對觀課之目的仍有誤解的教師，若學校純用政策與行政命令去要求他們實踐，心中誤解外加焦慮壓力，可能會有言語或甚至行爲上的抗拒，這對良性學校組織氣氛的營造相當不宜。

根據先前所提的「教師領導」的理念，學校在課程改革初期，可以尋找對教學具有信心的人擔任社群召集人或成爲發揮影響力的教

師，由他們先啓動觀課。這些具有教學自信心的教師通常具有教學經驗，往往會有一些好的教學技巧，心理素質也傾向樂觀，情緒也比較穩定，他們可以發揮帶頭作用。這是一個讓教師體驗相互觀課利益的好時機，學校校長或教務主管可以仔細想想，別輕易放棄。下一節點將繼續說明。

來看我上課吧 —— 教師領導的啓動

具有教學自信心的教師可以發揮影響力，除了自願或被學校安排啓動學校教師觀課的先鋒外，也可以邀請其他缺乏教學自信心、教學專業能力較弱、或者是對相互觀課仍有質疑和誤解的教師前來自己的教室，觀察自己上課時之教與學的活動。

不過，若僅是觀看，影響效果不大，得要有一些對話行爲。首先，教學者可以思考欲邀請來的對象之需要協助的地方，例如：僅是缺乏自信導致不敢開放教室、某個教材知識概念不知如何轉化爲教學活動設計、對相互觀課仍存著評價教師的觀點……等，再思考自己的教學活動設計可以影響什麼。

若是教師缺乏教學自信導致不敢開放教室，觀察其他教師教學雖然不會提升自己的教學能力，但可以減少心理上的焦慮與壓力。教學者可以先表達自己對教學觀課的觀點以及自己發展教學專業的歷程，呈現樂觀積極的態度。

針對教學專業能力較弱或在知識轉化爲教學活動設計之能力需要協助的教師，教學者可以選擇類似的單元內容或教學策略進行教學活動，並在觀課前先提醒進班觀課的焦點內容，並請其協助觀察記錄。在教學後，兩人透過對話瞭解與察覺教材教法是否釐清。

而針對那些對相互觀課仍存有些許抗拒或消極態度的教師，教學者可以呈現觀課時，觀課者對於學生學習困難察覺的重要性，完全把焦點放在學生的學習單、同儕對話的聆聽上，並且一起討論學生的學習困難與解決方法，對話時切勿有任何評價教師的語言。另一個意義

是，教學者呈現學生學習困難正是那些抗拒公開課教師最難解開的心理枷鎖，如此作為可以讓他們知覺那不是「不可公開討論的事」，教師反而應該扮演積極的態度，改善學生的學習成效，如此，心中對於觀課的焦慮與壓力可能就會減輕些許。

透過教師領導改變同儕教師的教學專業與型塑學校教師同儕共學的教學文化是可行的做法，但具有教學自信心的教師要發揮影響力並不容易，得要有些方法，針對不同對象會有不同的思考方向與作為。一些成功經驗顯示，學校領導者營造良性組織氣氛，並提供支持與資源，再給予這些影響者和被影響者一些時間，成效就會顯現。

教師領導需要發揮同理心

學校是一個共同體，教師的教學工作彼此關聯，在某些情境下，自己的好表現可能部分不知覺地來自別人的協助，自己也曾經在無知覺中協助過別人，教師都「需要」彼此。再以生物學的觀點，教師都需要被關懷、相互依靠；若再以當前社會氛圍對教師的尊重不如早期的情況來說，教師更應該包容彼此、照顧彼此與同理彼此。

教師領導要能發揮極大的影響力需要有同理心，同理心是一種行動與過程，對於那些專業知能被認定不足但仍想要把學生教好的教師，具有教學領導能力的教師不僅要包容，也要試圖發揮影響力，帶領他們一起在社群中學習成長。

包容，才能讓自己與不同於自己的他人建立關係；具有同理心，才能看到彼此的關聯。因此，先從他們的眼睛看他們的教學問題，之後，以他們的問題轉化為自己的教學活動，並邀請他們進入自己的班級觀課與記錄，觀課之後再進行主題性的對話。透過自己與他們的經驗，自己會突然發現，原來教學的樣貌與令人意想不到的影響因素，自己對教學也會瞭解更多。換句話說，從他們的教學問題出發，站在他們的立場，理解他們的問題，再與他們對話，他人成長，自己也會成長。

　　根據我的研究與訪談，絕大多數的教師都是願意為教育而付出、為學生的學習而努力，只是他們找不到方法，也不知道如何開口，有時候嘴巴上說的並非內心的所有，或者是早期的教學習性讓他們知覺改變是一件難事。同理他們的想法，進而影響他們，社群一起發展好的教育成果。

講十次做十次就會有效

　　「講十次做十次」只是個形容詞，只想要表達一個理念：根據我的研究經驗，無論是校長、教務主管、領域召集人、或者是具有教學領導特質的教師，只要在不同的場合（例如：會議上、共備課與觀議課中、親師座談日或各種教師相關的活動中），不斷地表達教師社群為了學生學習進行共同備課和觀議課，也不斷地呈現教師協同學習的作為，如此多講幾次，學校教師就會開始改變，至少心理上開始會有知覺。原因可能在於教師對於先前的教育政策早就失去信心，對教師協同學習不甚理解，也對不確定性的作為感到焦慮，因此，在有所顧忌之下，寧願觀望，若被急於要求，就可能出現抗拒行為。當領導者不斷呈現正確理念，具有教學領導特質的教師不斷實踐，觀望教師便會開始思考其真確性；若再透過教學領導進行影響，參與教師社群會比較積極，也會改變以往的想法而認真思考自己的教學。

　　「堅持，但可以腳步慢一些」，是改變學校教師態度的一個重要原則。寧願做得慢，也要方向正確，切勿被那些不理性、譏諷、偏見或憎恨所影響。學校內總是會有對教學具有高度信心者，也會有教學專業知能不足的教師，如同我上一節點所言，在某些情境下，自己的好表現可能部分來自別人的協助，自己也曾經在無知覺中協助過別人。因此，具有教學領導特質的教師要以包容和同理心為基礎，堅持信念、下定決心，發揮教學影響力，讓學校成為所有教師專業成長學習的共同體，也讓學生在學校教師良性教學文化中獲得提升學習品質的機會。

💡 發揮教學影響力對自己在教學專業成長上的利益

如果只用言語激起熱情或以外在獎勵邀請那些具有領導特質和具有教學自信的教師發揮影響力，以促進社群教師的專業成長，這樣的影響力並不持久。任何工作的熱情一定是建立在自己參與工作的成就感與對自己某些方面的利益知覺，發揮教學領導的教師也是如此。

發揮教學影響力是透過知識分享，在知識分享之前，教師需要先產出清晰的觀點，包含教材教法和學生學習活動的解析；之後再「去私有化」，邏輯系統地建立分享的要點、實踐的行為和表現的情境；接著再透過他人的回應，省思自己原有的想法，調整與建構更佳的知識。這樣的利益很難用金錢或某個職位衡量，也只有教師自己體會了才知道其價值。

教師的教學知識是自己建構的，一個具有自發學習的教師一定先啟動知識建構的流程，亦即將自己原有的理念或觀點分享出去，再期待他人的回饋精進自己的想法。每個成功的社會人士幾乎都是如此，教師亦同。沒有教師的教學知識是完美無瑕的，只有透過教學實踐與和同儕對話，不斷提煉自己的教學實務知識，不斷建構與自我提升教學專業知能。因此，有教學專業的教師發揮影響力不是一種吹噓自我，而是透過分享與回饋，讓自己更好，也讓社群教師愈來愈好。

如果不願意主動分享就會處於被動學習狀態，即使自己先閱讀或先參與知識學習的工作坊，如果沒有經過大腦思考、沒有經過語言產出、沒有透過行為展現，就無法自己獲得那些知能以及確認自己改變了什麼。

上述理念在教育場域比較不普及，或許教師可能也會質疑這類作為的價值性，如此作為的教師可能也會遭遇到一些問題（下一節點說明）。然而，借鏡成功人士的經驗，學校可以鼓勵教師思考與實踐上述作為。

建議教育當局培養教學領導教師並提供支持

　　如何讓願意影響他人的教師持續有動力影響他人，讓這些教師有成就感，會比外在獎勵來得有用。具有教師領導特質的人不一定願意發揮影響力，即使有些許願意，也可能在社群中遭遇到困難、面對衝突，以及失去信心。教育當局要瞭解這群教師是穩定教師成長的力量，除了提供支持以及必要的經費支援外，也需要思考培養這些教師在社群中發揮影響力。

　　建議教育當局花一點心力組織安排課程，內容包含「如何使人投入學習、如何看待與運用他人的優點、如何一起建立社群共同信念、如何保有興趣得以致力於分享學習中、如何發展信任與尊重關係，以及學習面對困難與衝突時的心理調適⋯⋯ 」等等，也可以加入人際溝通技巧與問題解決能力的培養。簡單來說，就是培養如何發揮影響力的教師。

　　在教學領導課程之後，鼓勵這些參與教師依據社群需求提出計畫申請經費，經費使用在社群運作所需要的物品以及教學過程中所需要的教具器材。如果可能，建議由某一大學統籌辦理經費核銷事宜，勿讓社群教師花費太多心力在報帳核銷上。

　　值得一提的是，由於各校社群教師特質不同，切勿要求時間績效。即使需要成果分享，也不需要規定主題，可以在教材知識的探究、教學策略與教學方法的精進、學習評量問題的設計、科技軟硬體的操作學習⋯⋯等等主題上，由社群提出改變的歷程，略為確定教師影響力的作用，作為未來強化教師領導影響課程的省思與調整之用。

　　簡單來說，教師領導要發揮功能，無法由教師社群獨力為之，國家政府要發揮協作力量，提供經費、訓練課程與諮詢，而學校領導者要能組織良性教師文化，也要在行事時間與空間提供協助。

本章小結

　　教師社群的運作是基於教師專業自我的學習觀點，針對教材教法或學生學習活動之內容，發展成社群運作的主題，再透過實踐與討論，相互學習與相互成長。不過，社群的運作要具有成效並不容易，除了社群內教師的相互信任與尊重外，社群運作的次主題與流程需要讓教師感受到相互學習的價值。

　　其次，校內教師社群的運作本就受到自己學校的組織文化影響，學校主管也可以規劃校際社群分享的機制，透過外在的刺激，亦可以觀摩他校教師的組織文化，省思自己校內社群的課程與教學之互動發展作為，這種教師專業成長方式，不僅影響學校組織文化，也可以改變教師的思維，改善學生的學習成效。

　　然而，社群的關鍵人物很重要，那些具有領導特質的教師或者是教學比較具有信心的教師可以扮演影響的角色，發揮帶領社群教師專業成長的功能，這種教師領導的思維已經逐漸被發現其價值性。不過，這些教師需要被支持，許多的資源與協助也需要政策上的導引。

教師讀書會可探討的問題

1. 請教師社群以課程、教學，評量或學生活動為基礎，共同提出社群運作的目標、主題、次主題，以及運作的活動流程，並且預設過程中可能會遭遇的困難，先行思考如何因應與解決。

2. 教師領導的思維對教師社群運作或教師自主專業成長相當重要，然而，具有教學自信的人或具有天生領導特質的人，不一定願意發揮影響力去影響他人，因素很多，請教師們可以討論哪些因素可能是關鍵？並提出政府、學校或教師他人與教師自己應該如何因應與解決？

附錄一　素養導向的教學活動設計表格

活動或主題名稱			學生年級		
學習內容來源	（某版本第幾冊第幾單元、校訂課程幾年級什麼主題、……）				
上課節數		節	設計者		
對應之核心素養 （對照領綱）	（第一個素養）		學習內容		學習表現
	（第二個素養，若有）				

雙向細目分析表（表格自行延伸，若有兩個核心素養，可能有兩個表格，或綜合一個亦可）

學習內容細部化	學習表現層次化			
	A	B	C	D
a.	1-1			
b.		1-2		
c.				2-1
d.			2-2	

學習目標 （1-1、1-2、1-3 來自素養一的內容和表現之雙向細目分析） （2-1 來自素養二）	1-1 1-2 2-1 2-2
自行補充的欄位	

教學活動流程（可自行增減調整）	教學評量
壹、引起動機（與素養任務相關的故事或問題）	
貳、發展活動（核心知識，可能不限一個）	誘答選擇題，如附件……
參、發展活動（策略性知識）	選擇題、實作或討論的學習單，如附件……
肆、發展活動（高層次問題、任務）	問題任務學習單與評分標準表，如附件……
伍、綜合活動（檢視與經驗內化）	

（表格自行延伸）

附錄二 素養導向的三層次的學習評量設計表 （請老師們自行繪製表格）

第一層次：核心知識題	
評量的概念或技能：	
題目：	
選項	編寫此選項的理由
A：	
B：	
C：	
D：	

第二層次：策略知識題	
評量的策略性知識（兩個以上概念或技能的關聯）：	
題目：	
選項	編寫此選項的理由
A：	
B：	
C：	
D：	

第三層次　素養任務題		
核心素養	學習內容	學習表現
從學習內容和學習表現中選取高層次的內容與表現		
策略性知識（學習內容）的學習表現（不限一個）		
情境任務（思考：什麼樣的策略性知識可以在什麼樣的生活情境中應用出來）		
評分標準表		

（表格自行延伸）

附錄三　共同備課紀錄表

共同備課時間：_____年_____月_____日　　時間_____

項目	細節	自己備課想法	共同備課調整
學生學習困難描述		【描述學生在教材內容、學習策略或核心素養的學習困難】 教材（能力）名稱： 困難情形描述：	
學習內容分析	核心知識、技能（含屬性、要素） 情意因子 通則或策略知識 以上視實際需求填寫		
學習表現設計	提問題目 學習單題目 或操作任務說明 視實際需求填寫		
教學活動流程	教學活動流程（含細節） 以上視實際需求填寫		

（表格自行延伸）

附錄四 觀議課紀錄表

觀課時間：____年____月____日　　　議課時間：____年____月____日

觀察對象	學生行為表現記錄	暫時性分析
（　　組或 人　　） 學習過程： 聆聽、回答、討 論、操作、書寫 的表現 學習表現：在學 習內容上的學習 表現	活動 1 的行為表現	
	活動 2 的行為表現	
	活動 3 的行為表現	
	活動 4 的行為表現 活動 5 的行為表現	
從學生不同時間 的行為紀錄推論 學生表現的原因		
擬定教學策略 （可包含教材 教法評量與技 巧）		
教師個人教學 省思或學習心得		
備註		

（表格自行延伸）

國家圖書館出版品預行編目資料

素養導向的教學實務：教師共備觀議課的深度
對話／劉世雄著. -- 二版. -- 臺北市：五
南圖書出版股份有限公司, 2020.09
　　面；　公分
　　ISBN 978-986-522-199-7（平裝）

1.教育研究　2.教學法

521.4　　　　　　　　　109011851

1IOM

素養導向的教學實務：教師共備觀議課的深度對話

作　　　者 ― 劉世雄（343.4）

企劃主編 ― 黃文瓊

責任編輯 ― 劉芸蓁、李敏華

封面設計 ― 王麗娟

出 版 者 ― 五南圖書出版股份有限公司

發 行 人 ― 楊榮川

總 經 理 ― 楊士清

總 編 輯 ― 楊秀麗

地　　　址：106臺北市大安區和平東路二段339號4樓

電　　　話：(02)2705-5066　　傳　　真：(02)2706-6100

網　　　址：https://www.wunan.com.tw

電子郵件：wunan@wunan.com.tw

劃撥帳號：01068953

戶　　　名：五南圖書出版股份有限公司

法律顧問　林勝安律師

出版日期　2020年 1 月初版一刷
　　　　　 2020年 9 月二版一刷
　　　　　 2024年 9 月二版四刷

定　　　價　新臺幣320元

經典永恆・名著常在

五十週年的獻禮——經典名著文庫

五南，五十年了，半個世紀，人生旅程的一大半，走過來了。
思索著，邁向百年的未來歷程，能為知識界、文化學術界作些什麼？
在速食文化的生態下，有什麼值得讓人雋永品味的？

歷代經典・當今名著，經過時間的洗禮，千錘百鍊，流傳至今，光芒耀人；
不僅使我們能領悟前人的智慧，同時也增深加廣我們思考的深度與視野。
我們決心投入巨資，有計畫的系統梳選，成立「經典名著文庫」，
希望收入古今中外思想性的、充滿睿智與獨見的經典、名著。
這是一項理想性的、永續性的巨大出版工程。
不在意讀者的眾寡，只考慮它的學術價值，力求完整展現先哲思想的軌跡；
為知識界開啟一片智慧之窗，營造一座百花綻放的世界文明公園，
任君遨遊、取菁吸蜜、嘉惠學子！